속지 않는 자들이 방황한다

속지 않는 자들이 방황한다

세월호에 대한 철학의 헌정

백상현 지음

위고

프롤로그

철학의 슬픔

철학은 진리의 사건이 발생한 자리로 찾아가 그것을 모두에게 소개하는 작업을 한다. 철학자는 개별적이던 진리의 언어를 보편적인 영역에서 재해석한다. 더 쉽게 말해서 철학은 이국의 언어와 같았던 진리 사건의 말들을 공용어의 차원으로 번역해낸다. 그리하여 모두가 진리에 관해 말하고, 자신의 삶과 비교하여 적용할 수 있도록 한다. 철학의 작업은 일종의 번역인 것이다. 그런데 어째서 진리의 사건은 번역자를 필요로 하는 것일까? 그것은 아마도 상식의 언어가 진리를 이해하기에는 너무 협소하거나 낡았기 때문일 것이다. 낡은 언어로는 새로움의 의미를, 협소한 언어로는 외부로부터 오는 목소리를 이해할 수 없기 때문이다. 그리고 진리는 언제나 새로우며, 언제나 다른 곳으로부터 온다. 우리가 진리라고 부르는 것은 낡은 세계를 무너뜨리고 새로운 세계를 도래하게 만드는 절차와 효과 이상도 이하도 아니기 때문이다. 진리란 그러한 방식으로 우리를 새롭게 확장된 세계로 이끄는 안내자이다. 철학은 이 같은 안내자의 외침에 적절한 단어와 문장을 부여하는 방식으로 진리의 실현을 돕는다. 진리를 추구하는 누군가의 외침에, 비명이나 절규 또는 신음소리에 말을 찾아주려는 것이다.

그러나 어째서 철학은 그러한 수고를 마다하지 않는가? 철학은 무엇 때문에 모두가 외면하는 진리 사건의 소외된 장소로, 권력의 억압을 뚫고 진리가 발생한 어둠 속으로 걸어 들어가려는가? 이에 대해 수많은 대답이 존재한다. 철학자의 수만큼이나, 그 욕망의 다양함만큼이나 많은 수의 설명이 존재할 수 있다. 그럼에도 이 책이 선택하려는 단 하나의 문장은 다음과 같다. 철학이 슬퍼하기 때문이다. 철학을 지탱하는 정동情動 중에서 가장 근본적인 것은 슬픔이기 때문이다.

이를 논증하기 위해 우리가 떠올릴 수 있는 사건은 다름 아닌 철학의 탄생 그 자체이다. 소크라테스의 죽음에 직면했던 젊은 제자 플라톤이 경험한 바로 그 슬픔. 철학은 이 같은 슬픔에 대처하는 특수한 절차로서 탄생했다고 말한다면 과장일까? 결코 그렇지 않다고 필자는 주장하려 한다. 젊은 플라톤에게 스승의 죽음이 남겼던 상실의 슬픔은 세계의 불완전함을 알리는 가장 진실한 메시지였기 때문이다. 그에게 스승의 부당한 죽음은 그가 속한 세계에 진리가 존재하지 않는다는 사실을 드러내는 증거와 같았다. 상실된 진리의 트라우마, 그로부터 오는 슬픔은 애도할 것을 요청한다. 이후 플라톤은 스승의 죽음을 변호하기 위해 평생을 바친다. 플라톤이 썼던 거의 모든 작품이 소크라테스의 가르침의 형식을 취했던 이유가 바로 여기에 있다. 서구 철학은 그렇게 진리 상실의 슬픔에 대한 기나긴 애도의 절차로서 시작되었다. 그것은 진리를 말하는 자에게 사형을 선고한 도시의 낡은 권력에 대한 비난인 동시에, 도래할 진리를 위한 변론의 형식을 취한다. 진리를 발음했던 소크라테스의 외침에 단어와 문장을 찾아주려는 강박증에 가까운 플라톤의 노력은 깊은 슬픔 속에서 탄생했던 것이다. 문명이 철학이라는 절차를 발명하여 진리에 접근하려 했던 이유는 그처럼 슬픔의 정동이 우리를 사로잡고 놓아주지 않기 때문이다. 그런 의미에서 철학을 진리에 다가서도록 만드는 것은 슬픔이다. 슬픔은 진리의 첫 번째 효과이다.

조난당한 삶

슬픔이 끝은 아니다. 슬픔 다음에는 조난이 온다. 누군가 진리의 목소리에 귀를 기울이고 진리의 상실을 슬퍼하기 시작했다면 그는 이미 길을 잃고 방황을 시작한 것이다. 억압된 진리를 슬퍼하는 것은 억압하는 세계를 거부하는 행위이기도 하다. 슬퍼하는 사람은 슬픔을 야기한 세계를 받아들이려 하지 않을 것이기에, 세계 속 그의 존재와 일상은 의미를 잃고 '참을 수 없는 가벼움' 속으로 추락한다. 일종의 철학적 우울이 진리의 상실을 슬퍼하는 자에게 찾아온다. 그리하여 조난당한 삶, 그 속에서 방황하는 주체는 진리의 두 번째 효과가 된다. 그래서 철학은 단지 슬퍼할 뿐만 아니라, 그와 같은 조난과 방황에 동참하기를 주저하지 않는다. 그러나 우리는 조난당한 삶이 고통스럽다는 사실을 알고 있다. 세상으로부터 외면당한 자들의 방황은 감당할 수 없는 불안을 야기하고 진리와 관련된 주체들은 단지 슬픔에 사로잡히는 것을 넘어서 조난당한 삶의 고통과 맞서야 한다.

만일 사정이 이와 같다면, 진리와 함께 슬퍼했던 철학, 그로 인한 조난에 동참한 철학은 방황의 고통을 멈추게 해줄 수 있을까? 철학은 궤도로부터 이탈한 삶의 불안을 정지시키고, 안정된 일상을 되찾아줄 수 있을까? 책과 강연을 통해 만나는 철학과 인문학의 지식들이 조난당한 우리의 삶을 구조해줄 수 있을까? 많은 사람들이 그렇다고 믿는다. 철학은 방황을 멈추게 하고, 삶을 안정시켜줄 것이라고. 그러나 필자의 생각은 다르다. 철학은 조난으로부터 우리를 구원하지 않을 것이다. 방황하는 자들의 마음을 치유하지 않을 것이다. 비정상을 정상으로 돌이키지 않을 것이다. 왜냐하면 철학의 임무는 조난당한 삶을 조난당하기 이전의 삶으로 되돌리는 것에 있지 않기 때문이다. 오히려 그 반대이다. 철학은 방황을 지지한다. 철학은 방황하는 자들의 발걸음이 멈추지 않고 지속될 수 있도록 응원하고 격려한다. 방황이 보다 멀리까지 이어질 수 있도록 기도한다. 그런 의미에서 철학의 지식은 방황이 지속될 수 있도록 고안된 야전교범이다. 철학은 조난당한 자들의 삶이 오히려 더 진실하다고 말하기를 주저하지 않을 것이다. 그러나 어째서 철학은 여정이 아닌 조난을, 안정이 아닌 방황을 선택하려는가?

철학은 방황을 지지한다

철학이 방황을 지지하는 가장 근본적인 이유는 시간에
대한 통찰 때문이다. 우리가 역사라고 부르는 것, 개인 또
는 공동체가 시간의 흐름을 따라 진보해간다고 믿는 시
간관념은 환상에 불과하다. 라깡은 자신의 임상이론을
통해 시간은 결코 흐르는 것이 아니라 반복되고 있을 뿐
이라고 말한다.[1] 인생을 한 편의 여행처럼 미지의 장소로
떠나는 여정으로 사고하는 습관은 반복되는 시간의 정지
된 속성을 은폐하는 가장 기만적인 환상이라고, 사실 우
리의 욕망이란 타자에 의해서 결정된 이후 동일한 구조
를 반복하는 도돌이표 운동에 불과하다고 말한다. 삶 속
에서 만나는 세계의 무한한 이미지는 이미 결정된 욕망
의 루틴이 반복되는 것을 숨기는 일종의 신기루였다. 그
러한 방식으로, 우리는 학습된 삶의 패턴을 반복한다. 과
거의 반복일 뿐인 현재 속에 미래를 위한 자리는 없다. 그
런 의미에서 삶을 여행으로 은유하는 사유는 가장 유치

한 오해일 뿐이다. 남들이 욕망하는 것을 욕망하며, 타자의 인생 여정을 내 안에서 반복하는 우리는 여행하고 있는 것이 아니라 제자리걸음을 하고 있을 뿐이다. 내 안에서 반복되는 타자의 시간, 그것은 흐르는 시간이 아니라 반복되는 시간, 정지된 시간, 즉 가짜 시간이다.

철학이 방황을 지지하는 이유가 여기에 있다. 오직 조난과 방황만이 사이비-시간의 환영적 흐름을 정지시킬 수 있기 때문이다. 정상성의 안정된 궤도로부터 벗어난 일탈만이 미래로 향하는 발걸음을 약속하기 때문이다. 철학이 지지하는 방황은 그렇게 시간의 정지를 정지시킬 수 있다. 예를 들어보자. 귀족 집안의 자제로 정치가를 꿈꾸던 플라톤의 삶은 어떠했을까? 스승 소크라테스의 죽음 이후 그는 아테네 귀족 시민으로서의 권리를 포기하고 기나긴 방황을 시작하지 않았는가? 예수를 따라나섰던 사도들은 어떠했는가? 예수의 죽음 이후 시작된 방황은 진리의 상실을 대하는 가장 진실한 태도이지 않았는가? 방황이란 고정관념의 권력으로 지탱되는 현재의 세계로 들어서는 입장권을 정중히 거절하는 행위이다. 조난이란 그렇게 세계의 시간이 우리 안에서 반복되는 것을 거부하면서 우리가 위치하게 되는 진리의 바로 옆

자리에 다름 아니다. 평온해 보이던 세계의 이미지가 흔들리는 순간, 우리를 찾아오는 조난의 사건, 방황의 흔들림은 비로소 진리의 여정이 시작되고 있음을 알리는 메시지다. 그래서 철학은 진리의 상실을 함께 슬퍼하며, 그로부터 비롯된 조난에 동참하고, 그들의 방황이 말해지고, 긍정되고, 지속될 수 있도록 언어를 세공한다. 우리가 이제껏 진리라고 불렀던 것은 바로 그러한 과정 속에서 방황하는 자들에 의해 스스로 발명되는 미래의 시간이었을 뿐이다.

진실한 슬픔은 존재를 적신다

진리의 효과인 슬픔과 조난의 고독 속에서 고통받는 사람들에게 철학은 그렇게 친구가 되어야 한다. 그들에 의해 발명되는 미래의 시간을 해석하고 증언해야 한다. 예언처럼 발음된 진리의 언어를 세속의 언어로 통역해내는 작업을 통해서. 철학은 그렇게 진리가 생산되는 사건의 장소로 가 증인이 되어야 한다. 이 책이 세월호 참사 이후 벌어진 일련의 투쟁에 주목하고자 하는 이유는 그와 같은 철학의 의무, 일종의 소명에 충실하고자 하기 때문이다.

참사 이후 벌어졌던 유가족들의 투쟁은 명백히 진리를 발음하고 있었다. 그들은 현재의 한국 사회가 감당할 수 있는 정의와 감당할 수 없는 정의의 간극을 보여줌으로써 미래의 시간을 출현시켰다. 유가족들이 요구한 투명한 조사와 책임자 처벌은 박근혜 정부가 의존하고 있던 한 줌의 유사-정의를 보잘것없는 것으로 만들어버리는 진리 효과를 산출했던 것이다. 그러한 방식으로 우리 사회를 지탱하고 있었던 '적당한' 수준의 정의는 자신의 민낯을 드러냈다. 유가족들의 요구는 현재의 세계에서 통용되는 정의를 낡고 초라한 것으로 만들기 시작했다. 그리하여 우리는 미래의 정의를 예감하기 시작한다. 그것은 지금 여기에는 없는 어떤 것, 미래의 시간에 속하는 정의이다. 그러나 권력에게 미래의 시간은 위협일 뿐이다. 자신들의 세계를 지탱하는 것은 현재의 고정관념이며, 그것의 지속이기 때문이다. 그래서 권력은 무엇도 바꾸려 하지 않을 것이다. 그들에게 변화는 곧 몰락을 의미할 것이기에. 그들이 줄 수 있는 것은 오직 유사-변화들, 과거의 시간을 변장시킨 유사-미래의 가짜 시간에 불과하다.

권력은 그렇게 얕은 수를 쓰지만, 그럼에도 그 효과는 언제나 강력하다. 왜냐하면, 사실 우리 모두가 원하던 것 역시 그와 같은 얕은 수이기 때문이다. 우리의 평온한 일상을 유지하기 위하여 우리는 현재의 권력이 지속되는 것을 원하고 있었던 것이다. 유가족들의 투쟁과 방황이 낯설고 불편한 모습으로 비쳤던 이유가 여기에 있다. 그들의 방황은 우리의 현재를 흔들고, 안정된 일상을 불편하게 만들고 있었다. 그럼에도 진실한 슬픔은 존재를 적신다. 아주 조금씩, 그러나 돌이킬 수 없는 힘으로 그들의 슬픔은 우리의 삶을 물들게 하고, 과거의 시간이 반복되는 것을 멈추게 한다.

이 책은 그와 같은 슬픔의 절차를 묘사하려는 시도이다. 진리의 효과로서 출현하는 슬픔과 그것의 확산에 관하여, 슬픔으로 인한 방황의 여정에 관하여, 방황 끝에 도달하는 공동체의 각성에 관하여 말하고자 했다. 한없이 나약해 보였던 눈물 흘리는 자들의 투쟁이 어떻게 공동체의 미래를 창안해낼 수 있는지에 대한 철학적 묘사를 시도하려고 했다. 그리하여 아주 오래전부터, 철학이 탄생한 순간부터 철학자에게 부여된 진리의 소명을 수행하려고 한 것이다. 그러나 이것이 단지 철학자들만의 소명은 아니다. '철학적 소명'이란 '철학적으로 사유하는 인간 일반의 소명'이기 때문이다. 그런 의미에서 이 책은 진리에 관해 사유하는 우리 모두의 소명에 대한 짧은 응답의 글이라고 할 수 있다. 어떻게든 진리의 요청에 대답해야 했기에, 철학적 사유는 변론을 시작했던 것이다.

차례

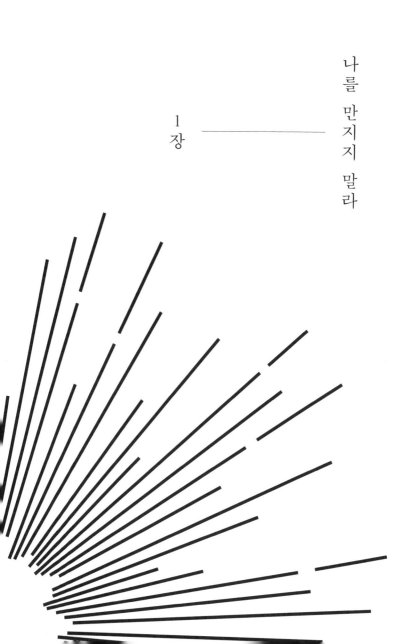

1장 ———————

나를 만지지 말라

> " 애도가 하나의 작업이라면, 애도 작업을
> 하는 사람은 더 이상 속없는 사람이
> 아니다. 그는 도덕적 존재, 아주 귀중해진
> 주체다. 그는 시스템에 통합된 그런
> 존재가 더는 아니다. "

— 롤랑 바르트,『애도 일기』

슬픔의 정동

세월호 참사의 슬픔이 모두에게 잊혀가고 있을 즈음, 유가족들이 선택할 수 있었던 남겨진 저항의 수단이 단지 '슬퍼하기를 멈추지 않는 것'처럼 보였다는 사실에 주목해보자. 섣부른 위로에 곁을 내주지 않는 그들의 슬픔은 완고했다. 그들에게 시간이 지나면 누그러지는 슬픔이란 다른 세상의 일이었다. 애도하기를 멈추지 않는 사람들에게 시간은 흐르지 않는 듯했고 하루하루는 소중한 사람을 상실했던 바로 그날의 반복일 뿐이었다. 슬픔이 흩어지지 않도록, 그리하여 기억이 소멸하지 않도록, 그들은 눈물을 무기로 싸우고 있었다. 그렇게 수백 일의 시간이 흘렀고, 이제야 우리는 그들이 슬퍼하기를 멈추지 않았던 이유를 알게 된다. 애도의 작업을 마치기를 거부했던 이유를 말이다.

그것은 세계의 균열이었던 그 상실을 봉합할 정당한 언어가 존재하지 않았기 때문이다. 상처를 위로할 합당한 단어와 문장들이, 말을 지탱하는 법과 규범들이 우리 공동체 안에 존재하지 않았기 때문이다. 그들이 슬픔을 통해 항변하려 했던 것은 부당함이었다. 진리가 상실되었다는 진리를, 정의가 존재하지 않음을 항변하는 정의로움을 드러내고자 그들은 투쟁을 멈추지 않았던 것이다. 그런 의미에서 그들의 슬픔은 결코 수동적이거나 패배적인 감정의 표현이 아니다. 바르트가 말하듯, 애도하는 사람은 "도덕적 존재, 아주 귀중해진 주체"이다. 왜냐하면, 애도의 작업이란 우리가 상실한 것에 정당한 이름을 부여하려는 가장 진실한 투쟁의 형식이기 때문이다. 세월호의 투쟁에 응답하고자 하는 이 책이 다루는 첫 번째 개념이 슬픔인 이유는 그 때문이다. 그들의 투쟁은 슬픔이 진리의 자리에 가장 고유한 정동이라는 사실을 증명하고 있기 때문이다.

혹자는 단지 슬퍼하는 것이 뭐가 그리 대단하냐고 말할지 모른다. 슬퍼하는 것으로는 무엇도 바꿀 수 없다고 자책하는 사람들도 있었다. 끝이 없는 애도는 공동체를 분열시킨다고 비난하는 사람마저 있었으니까. 슬픔이란 수동적 정동이며, 아무것도 변화시키지 못하는 히스테리적 자기포기의 상태라는 생각은 가장 일반적인 견해이다. 그런 의미에서 세월호 유가족들이 흘린 눈물로부터 혁명의 전복적 기능을 추론해내려는 이 책의 시도는 일견 비약처럼 보일 수도 있다. 그러나 필자는 이것이 비약이 아닌 도약임을 상식이 아닌 지식의 차원에서 증명해보려고 한다. 애도 작업은 공동체의 토대이며, 슬픔은 이러한 토대를 위협하는 방식으로 새로운 진리의 출현을 촉진한다는 명제를 증명해보려고 한다. 슬퍼하는 것 자체에 우리가 알지 못했던 역능이 존재한다는 사실을 논증함으로써 세월호 참사에 관한 철학의 소명을 시작해보려는 것이다. 이것이 소명인 이유는, 논증의 작업이 그 자체로 세월호를 새롭게 애도하는 하나의 절차가 될 수 있기 때문이다. 새로운 언어의 애도는 새로운 세계의 도래를 준비한다. 이것은 철학이 공동체의 상처에 대해서 할 수 있는 최대한의 치유이다.

　개념을 발명하여 세공하고, 배제되었던 사건에 보편적 이름을 명명하는 작업은 공동체가 철학자에게 부여하는 최소한의 소명²이다. 나아가서, 진리 사건의 트라우마가 공동체 구성원들 모두의 사유 속에서 반복될 수 있도록 하는 스티그마³의 실현은 신 없는 세계에 철학이 기대할 수 있는 최대한의 기적일 것이다.

슬픔에 관하여 말하고 또 말하다

세월호 참사 이후 우리가 경험한 슬픔과 그에 대한 애도 작업의 시도가 어떤 구조를 갖는지에 대한 이야기로부터 시작해보자. 먼저 슬픔과 애도는 서로 이질적인 절차라는 사실에 주목하기를 제안한다. 슬픔과 애도는 같은 듯 다르다. 슬픔은 상실을 표지하는 맹목적 정동이다. 사랑의 대상이 상실되어 벌어진 상처에서 출현하는 마음의 상태이며, 상실된 것의 빈자리를, 마음의 공백을 마주한 채로 고통받는 감정이다. 반면 애도는 슬픔을 끝내기 위한 작업이다. 슬픔과 애도는 사실에 있어서 대립되는 절차인 것이다. 그런데 역설적이게도 슬픔을 끝내기 위한 애도의 주요 작업은 상실된 대상에 관하여 말하며 슬퍼하는 것이다. 쉽게 말해서, 애도 작업은 슬픔을 잊기 위해 슬픔에 관하여 말하고 또 말한다. 슬픔과 애도가 동일한 과정처럼 보이는 이유가 여기에 있다.

그러나 애도는 슬픔의 지속이 아니라 슬픔의 종결을 위한 작업이라는 사실에 유념하자. 이를 위해 애도는 슬픔의 감정을 언어로 사로잡고 상징화하며 그것이 가진 병리적 긴장을 해소하려 한다. 이 작업에서 가장 중요한 것은 언어이다. 여기서 사용되는 언어는 상실을 경험하는 주체가 동의할 수 있는 언어, 즉 권위 있는 보편적 언어여야만 한다. 공동체 구성원 모두의 관념이 교집합을 형성하는 영역에서 가져온 언어, 또는 모두에게 이해되며 모두에게 용인되는 규범의 언어가 그것이다. 이 언어는 우리의 관념이 흩어지지 않고 보편적인 의미의 영역에 머무를 수 있도록 한다는 의미에서 '고정-관념'이라 부를 수 있다.[4] 일견 부정적 개념처럼 보이는 '고정관념'이라는 단어는 그러나 우리의 삶을 지탱하는 아주 중요한 언어-틀이기도 하다. 이것이 작용하지 않는다면 우리의 삶을 떠다니는 관념들은 '고정되지 않은' 채로 부유하게 될 것이다. 생각의 방황을 정지시키기 위해 관념들을 고정시켜주는 것이 바로 고정관념인 것이다. 따라서 상실의 슬픔을 위로하고 위로받기 위해 보다 일반적이며 권위 있는 고정관념의 언어에 의존하는 것은 자연스러운 일이다.

우리가 다른 누군가의 슬픔을 위로할 때 역시 고정관념에 의존한다는 사실을 상기해보자. 지인의 슬픔을 위로하기 위해 우리가 찾아내는 단어들은 상심한 주체를 비롯한 주변 사람들 모두가 이해하고 공감할 만한 보편적 단어와 문장들이지 않은가? 이것이 바로 애도 작업에서 고정관념의 언어가 사용되어야 하는 당위성이다. 슬픔의 상처를 봉합하기 위해 애도 작업은 슬픔을 보편적 언어로, 고정관념의 언어로 분절하고 포획한다. 그리하여 슬픔의 모호한 정동은 말 속에서 설명되고, 그것이 가진 병리적 힘을 상실하게 된다. 간단히 말해서, 슬픔은 더 이상 주체를 흔드는 위협이 아니라 언어에 포획된 정동, 의미에 고정된 확실한 감정이 되는 것이다. 이렇게 슬픔의 의미는 선명함 속에서 알려지고, 이해되고, 그것의 병적인 요소는 남김없이 소진된다.

이와 같은 애도 작업의 절차에서 우리가 주목해야 할 가장 중요한 것은 바로 공백의 자리(Ø)이다. 모든 종류의 슬픔은 상실로부터 기원하기 때문이다. 상실은 사랑했던 대상이 지금 여기에 없는 상태이다. 떠나버린 연인으로 인한 슬픔, 재산이나 건강의 상실에 기인한 슬픔, 또는 정의와 같은 추상적 가치가 상실된 사태에 기인하는 슬픔. 슬픔은 상실, 즉 공백의 출현에 원인을 갖는다고 할 수 있다. 그와 같은 상실의 흔적인 공백이 눈에 밟히는 한 슬픔은 사라지지 않고 주체를 고통에 빠뜨린다. 그 때문에 애도 작업은 바로 이 공백을 메꾸고 눈에 보이지 않도록 봉합하는 데에 집중되는 것이다. 그런 의미에서 애도란 공백의 출현에 대한 자아의 방어라고도 할 수 있다. 이런 표현이 너무 정신병리학적으로 들린다면 다음과 같이 정리해볼 수 있다. 우리가 애도하는 이유는 슬픔이 자리한 마음의 텅 빈 구멍을 다른 상념으로 채워넣기 위해서라고. 이렇게 채워진 '다른 상념'은 또 다른 '욕망의 대상'을 불러오는 역할을 하게 된다고. 그리하여 삶의 허무였던 공백은 다시금 욕망의 대상들에 의해 은폐될 수 있다고. 바로 이것이 우리의 자아가 상실로 인한 슬픔에 대처하는 방어적 자세이다. 만일 이 같은 방어로서의 애도 작업이 성공하지 못한다면 자아는 심각한 방황에 직면하게 된다. 이때 우리는 마음속 깊은 곳에 입을 벌린 상처로서의 공백에 떠밀려 슬픔의 편력을 떠날 수밖에 없다.

　　세월호 유가족들이 떠났던 편력이 바로 이것이다. 상처를 아물게 할 수 없었던 그들은 벌어진 균열을 떠안고 우리 사회의 표층을 떠다니게 되었다. 그러나 어째서 이들은 애도의 작업을 완료할 수 없었던 것일까? 이제까지의 논의에 기대어 추론되는 답은 다음과 같다. 상처를 봉합할 우리 사회의 '고정관념'을 그들은 받아들일 수 없었기 때문이다. 2014년 당시 한국 사회를 지탱하던 관념들의 질서, 사유의 규범을 그들은 받아들일 수 없었다. 고정관념의 정당성을 보장하는 정부의 태도를, 그들의 권위를 수용할 수 없었다. 슬픔을 고정시키기 위해 제안된 다양한 법적·사회적 관념들에 동의할 수 없었다. 쉽게 말해서, 그들은 상처를 위로하는 말의 정당성과 보편성에 깊은 불신을 품게 되었기 때문이다. 상처 입은 주체가 상처의 봉합을 시도하는 사회적 담화의 권위에 대항하는 한 위로는 결코 성공하지 못하며 상처는 아물지 않을 것이다. 고정관념이 가진 정치적 위상에 도발하는 자아는 치유에 도달할 수 없을 것이기 때문이다. 그리하여 애도 작업은 실패로 돌아갔고, 상실의 공백은 다음과 같이 말하며 광장을 떠돌게 된다. "나를 만지지 말라."

애도하지 말라

"나를 만지지 말라*Noli me tangere*." 이것은 요한복음에 나오는 예수의 요청이다. 죽임을 당한 며칠 뒤 부활한 예수를 발견하고 놀란 막달라 마리아에게 그는 말했다. 나를 만지지 말라고. 너의 손으로, 너의 감각으로, 너의 이성으로, 나의 부활을 (또는 죽음을) 이해하려 하지 말라고. 이 장면은 서구의 기독교인들에게 한없이 불가사의한 느낌을 주었다. 예수는 어째서 부활이라는 기적을 가까이서 확인시키려 하지 않았을까? 기적의 신비로움을 널리 알려 자랑하려고 하지 않았을까? 어째서 예수는 너희가 나를 죽였지만, 그러나 신의 아들인 나는 결코 죽지 않는다, 라고 엄숙히 공표하려 하지 않았을까? 누군가는 생각할 것이다. 아마도 부활의 기적은 너무도 숭고하기에 죄 많은 인간들에게 접근을 허용해서는 안 되었을 것이라고. 신성한 기적에 대해 사도들은 멀찌감치 떨어진 관객의 자리에 머물 것을 명령했던 것이라고 말이다. 과연 그랬을까? 예수의 시신은 정말로 다시 살아났으며, 기적의 신성함을 보존하기 위해 사람들의 접근을 금지한 것이었을까? 마치 고귀한 보화에는 금고와 자물쇠가 필요하듯 기적의 신성함에는 접근 금지의 명령이 필요했던 것일까? 예수의 마지막 요청에 대한 이 같은 해석은 맞기도 하고 틀리기도 하다. 먼저 맞는 부분의 해석부터 시작해보자.

예수는 자신의 죽음과 부활의 의미가 당대의 고정관념에 의존하여 해석되기를 원하지 않았을 것이다. 그래서 그는 말했을 것이다. 당신들 세계관의 한계 안에서 나의 죽음을 이해하려 하지 말라고. 그리하여 슬픔이 봉합되기를 기대하지 말라고. 나의 죽음은 당신들이 속한 세계의 균열이므로, 영원한 상처로 남게 하라고 말이다. 슬퍼하기를 멈추지 않는 한, 그리하여 애도의 작업이 완료되지 않는 한 그는 영원히 죽지 않은 존재로 남을 수 있기 때문이다. 부활의 진정한 의미는 그의 죽음의 의미가 슬픔 속에서 다시 사유되는 방식으로 실현될 것이기 때문이다.

필자의 이 같은 해석에 동의하는 데 신앙이 필요하지는 않을 것이다. 그가 진정 신의 아들이었든 그렇지 않든, 당시 유대인들이 속한 세계를 위협하는 상처와 같은 존재였음에는 모두가 동의할 수 있기 때문이다. 그의 한마디 한마디, 몸짓 하나하나는 구약에 의존하는 유대인들의 고정관념을 뿌리째 흔들었다. 이 같은 위협에 맞서 유대의 율법학자였던 바리세인들이 앞장서 예수를 비난한 데에는 나름의 이유가 있었던 것이다. 그런 의미에서 예수의 죽음은 유대적 고정관념의 한계를 표지한다. 분명 동일한 구약의 질서에 속해 있는 듯했지만, 예수가 말하는 신은 달리 해석된 신이었기 때문이다. 그리하여 예수가 뱉은 단어와 문장들은 신약을, 새로운 규범의 도래를 준비하는 담론이 된다. 예수라는 균열점을 중심으로 구약의 질서가 몰락하고 새로운 질서가 도래하고 있었던 것이다. 예수의 시신屍身이 "나를 만지지 말라"고 말하며 섣부른 애도를 거부한 데에는 그런 의미가 내포되어 있었다. 애도를 위해 어떤 노래를 부르건 그것은 이미 존재하는 레퍼토리[5]에 의존할 것이므로.

　"만지지 말라"는 요구는 "애도하지 말라"는 것이며, 애도의 거부는 슬픔을 보존할 것에 대한 요구이기도 하다. 슬퍼하기를 멈추지 않는 방식으로 상처를, 관념의 공백인 그것을 보존할 것을 명령하는 것이다. 이것이 결코 받아들이기 쉬운 요구는 아니었으리라. 예수를 따르던 무리들이 단순한 추종자의 입장에서 진리 사건의 주체로 전환될 것을 요구받았기 때문이다. 이것은 "나를 만지지 말라"는 명제가 기적의 신성함에 접근하는 것을 막는 자물쇠 역할을 했다는 해석의 틀린 부분이기도 하다. 제자들은 예수의 죽음이라는 진리 사건에서 더 이상 관객이 아닌 주인공이 될 것을 요청받고 있지 않은가? 그들은 예수의 말들이 야기한 고정관념의 몰락을 받아들여야 했을 뿐만 아니라 그와 같은 사유의 폐허 속에서 신에 대한 새로운 개념의 신전을 스스로 짓기 시작해야 했다. 이제 그들은 진리 사건의 구경꾼이 아니라 주연배우가 된다. 스스로 진리의 발명자가 되어야 했던 것이다.

예수의 죽음과 부활의 의미에 대한 이 같은 해석이 세월호 참사 이후 벌어졌던 투쟁을 환기하는 것은 우연일까? 또는 비약일까? 결코 그렇지 않다고, 필자는 주장하려 한다. 한 사회가 감당할 수 없는 한계로서의 상처가 그것의 섣부른 봉합에 저항하는 주체들에 의해 진리 사건으로 전환되는 사례는 가장 전형적인 진리 출현의 패러다임이다. 세월호 참사는 정부의 무능함뿐만 아니라 부도덕성을 폭로하는 방식으로 우리 공동체의 한계점을 표지했다. 또한 참사는 우리 사회를 실제로 지배하는 정의와 우리가 상상하던 공동체의 정의가 서로 얼마나 다른 모습이었는가를 폭로하는 방식으로 진실을 드러냈다.

부패한 정부가 세월호를 동정하고 슬픔을 드러내는 거의 모든 표현들에 전방위적 억압을 실행하고 은폐하려 했던 이유가 바로 여기에 있다.[6] 박근혜 정부는 세월호의 상처가 봉합되지 않는다면 권력의 토대 자체가 무너질 것이라는 사실을 직감하고 있었던 것이다. 억압과 배제, 유가족 비난을 위한 여론 조작, 이 모든 것의 오래된 레퍼토리는 이미 바리세인들의 역사로부터 시작되었다. 그런 식으로 박근혜 정부의 대응은 우리에게 슬픈 기시감을 경험하게 했다. 공동체의 상처에 대한 이 모든 봉합과 조작의 기술 한가운데에 김기춘[7]이라는 늙은 유령이 존재한다는 사실이 기시감의 원인이기도 했다. 1970년대 그에 의해 고문받고 죽어간 수많은 젊은이들의 상처, 87년 박종철 열사의 시신을 두고 벌어졌던 투쟁, 끝나지 않는 이 싸움은 심지어 2016년까지 이어진다. 백남기 열사의 사망진단서를 왜곡하려던 시도는 결국 "나를 만지지 말라"고 말하는 시신과 이를 조작하여 은폐하려는 부패한 권력의 일관된 폭력을 보여주고 있지 않은가?[8]

권력의 부패와 무능이 야기한 죽음들은 그렇게 아주 특별한 방식으로 진리를 말한다. "나를 만지지 말라"고 명령하는 방식으로 우리에게 지금 이곳에 없는 정의를 발명해낼 것을 요청하는 것이다. 그러나 이것은 쉬운 일이 아니다. 그러한 요청을 따르는 것은 현재의 고정관념이 주는 안녕을 포기하는 선택이기 때문이다. 권력은 언제나 강하고, 죽임당한 시신은 언제나 가장 약한 자들이 사랑했던 자이다. 그래서 이러한 선택을 하는 것은 언제나 소수이다. 박종철 열사의 시신 앞에 섰던 현장 부검의 오연상,[9] 광주의 시신들을 목격한 독일 기자 힌츠페터,[10] 백남기 열사의 빈소를 지키던 유가족과 이름 없는 시민들, 4미터가 넘는 차벽에 포위된 채 광화문 광장 한가운데서 단식투쟁을 벌이던 세월호 유가족들. 이 밖에도 알려지지 않은 수많은 진리의 사도들은 언제나 약자이고 소수이다. 특히 사건의 시작점에서 그들의 존재는 아주 보잘것없어 보인다. 상처를 봉합하지 않으려는 자들, 진리의 부재와 마주한 자들, 진리를 발명해낼 것을 요청받은 자들의 고난은 그렇게 고독한 방황의 형식으로 시작된다. 권력에 속지 않는 자들에게 방황은 숙명과 같다.

속지 않는 자들이 방황한다

예수의 시신을 단순한 죽음의 자리가 아닌 부활의 장소로 사유하려 했던 사도들은 바리세인들에게 속지 않는 자들이었다. 박종철 열사의 죽음을 재빨리 봉합하려는 권력이 "탁 하고 치니 억 하고 죽었다"고 말하던 심장마비의 레퍼토리에 의사 오연상은 속지 않기로 결정한다. 백남기 농민의 죽음에 대한 내인사 논란에 대해서도, 세월호의 죽음들에 대해서도 같은 말을 할 수 있다. 어디에나 속지 않기를 결정하는 사람들이 존재했고, 이들에게 주어진 대가는 방황이다.

우리의 평온한 일상은 사실 '적당히 속아주는' 기능에 의해 지탱된다. 인간의 마음이란 그렇게 적당한 허무주의에 의해 방어되며, 이를 받아들이지 않는 자들에게 국가권력은 추방을 명한다. 뒤집어 말한다면, 공동체의 일원이 된다는 것은 적당한 속임수에 동의한다는 것을 의미한다. 하나의 사회가 유지되기 위해서는 그곳을 지탱하는 환상, 일종의 하얀 거짓말에 대한 동의가 필요하기 때문이다.

개인의 정체성에서도 다를 바 없다. 우리가 자신의

존재에 대한 사회적 규정을 받아들이는 것은 우리 자신에 대한 환상을 수용함을 의미한다. 나는 남자 또는 여자이며, 학생 또는 직장인이며, 남편 또는 아내라는 사회적 명명을 받아들였기 때문에 그에 따르는 의미의 한계를 받아들이게 된다. 만일 이 같은 명명의 근원지인 고정관념의 권위에 저항한다면 우리의 정체성은 흔들리기 시작한다. 남자라는 사실 때문에, 여자라는 사실 때문에, 학생이거나 직장인이라는 사실 때문에, 남편 또는 아내라는 사실 때문에 포기되어야 했던 또 다른 삶의 가능성에 주목하는 순간 우리의 삶은 방황의 궤적을 그리기 시작한다.

이러한 사태를 라깡은 "속지 않는 자들이 방황한다 *les non-dupes errent*"[11]라는 명제로 정리했다. 그는 특히 말의 권위를 받아들이지 않는 자들의 마음이 방황으로 이어진다는 점에 주목했다. 여기서 말의 권위란 고정관념을 지탱하는 권력을 의미한다. 개인의 차원에서건 공동체의 차원에서건 상실의 사건이 벌어졌을 때 주체는 고정관념에 의존하여 상처의 봉합을 시도한다. 이때 봉합에 참여하는 고정관념의 권위는 애도 작업의 핵심이다. 라깡 정신분석에서 '아버지의 이름*Nom-du-Père*'이라고 말하는 상징계의 권력은 말의 세계에 속한 인간을 굴복시키고, 말

의 질서에 동의하도록 만들면서 우리의 정체성을 규정하
는 힘이다. 만일 이 같은 '아버지의 이름'에 '속지 않는 자
들'이 출현한다면 그들에게 '방황'은 필연적이다. 이처럼
방황을 시작하는 자들의 마음속에는 다음과 같은 불신이
자라고 있다. 어째서 단 하나의 아버지인가? 어째서 다른
아버지, 다수의 아버지의 이름*les noms-du-père*은 불가능한
가? 주어진 아버지의 권위가 아니라 우리가 찾아낸 다른
아버지들의 권위를 세우면 안 되는가?

　유대인들의 아버지 하나님이 아닌 다른 아버지를 찾
아 나선 예수와 그의 제자들, 박정희에서 전두환과 노태
우 그리고 김기춘과 박근혜로 이어지는 단 하나의 아버
지를 거부하고 새로운 아버지들을 찾아 나섰던 민주주의
의 열사들은 방황의 궤적을 통해서 새로운 역사로의 여
정을 시작한다. 이 모든 방황을 두려워하고 억압하려는
자들이 만든 단체가 '어버이연합'[12]이라는 사실은 의미심
장하다. 이 이름은 그저 단순한 우연이 아니었다. 이것은
어버이들의 연합이 아니라, 하나의 어버이를 맹신하는
자들의 연합이기 때문이다. 그들이 원하는 것은 바로 하
나의 아버지, 우리의 현대사를 지배해왔던 바로 그 단 하
나의 어버이였다. 소위 일베라 불리는 세력에 대해서도

같은 이야기를 할 수 있다. 아버지의 형상으로 표상되는 독재권력에 대한 집착과 맹신은 방황에 대한 가장 극단적인 적대감에서 오는 것이다. 역사교과서 국정화[13]에 집착했던 박근혜 정권의 사이비 지식인들 역시 동일한 것을 추구하지 않았는가? 그들이 원하는 것은 단 하나의 역사이며, 단 하나의 고정관념이 우리 사회를 지배하는 것이다. 역사에 대한 다양한 해석이 가능하다는 사실 하나만으로도 그들은 불안으로 전전긍긍한다. 그들은 아버지의 형상 속에 숨겨진 권력의 신화가 우리 공동체에서 가능한 마지막 신화라고 맹신하는 일종의 종말론자들이다. 소위 '꼰대-담론'이라고 하는 담화 속에 흔히 등장하는 "말세다"라는 표현이 의미하는 바가 정확히 그것이다. 그들은 자신들이 믿는 고정관념의 틀이 흔들리는 순간 세계의 종말을 상상한다. 다른 세계, 다른 방식으로 작동하는 사회는 가능할 수 없다고 믿는 자들에게 모든 변화는 퇴행이며 타락으로 비칠 뿐이다. 그들에게 세계는 닫힌 장소, 유한성의 장소이다. 그들은 자신들이 알 수 없는 방식으로 더 나은 세계가 존재할 수 있다는 사실을, 새로운 아버지가 존재할 수 있다는 사실을, 따라서 세계와 역사가 무한할 수 있다는 사실을 결코 받아들이려 하지 않는다.

슬픔에 대한 신뢰

이로부터 우리는 또 하나의 새로운 명제를 도입할 수 있게 되는데, 그것은 상처의 진실성에 대한 신뢰에 관한 것이다. 그 무엇도 믿지 않았으므로 방황을 시작하게 된 '속지 않는 자들'은 그럼에도 믿는 것이 있었다. 그것은 바로 슬픔의 가치와 힘이다. 상실된 진리의 자리를 표지하는 증상으로서의 슬픔에 대한 신뢰. '속지 않는 자들'은 증상으로서의 슬픔을 믿는 자들이다. 위로의 말에 자신을 내주지 않는 자들은 단지 슬픔에 휩싸인 자가 아니다. 그들은 슬픔의 감정이 무언가 아주 중요한 의미를 가질 수 있다고 믿는 사람들이다. 왜냐하면, 슬픔의 고통은 그들이 여전히 속고 있지 않다는 사실을 증명하는 가장 직접적인 증표의 정동이기 때문이다. 위협과 협박, 조롱, 감언이설과 이간질, 사탕발림의 말 속에서도 여전히 눈물이 멈추지 않아 고통스러워하는 유가족들에게 슬픔은 진리 부재의 현실을 알리는 진실한 메시지이다. 슬픔이 멈추지 않는 한, 진리의 상실이라는 문제는 해결되지 않은 채로 남아 있음을 알 수 있기 때문이다.

　그런 의미에서 진리를 위한 방황의 조건은 단지 속견

을 믿지 않는 것을 넘어서, 상처와 그로 인한 슬픔의 가치를 믿는 신념의 공존이라고 할 수 있다. 단지 믿지 않는 것만으로는 진리를 찾아 떠나는 여정이 시작될 수 없다. '아무것도 믿지 않는' 허무주의는 현실을 수용하고 그 권위에 굴복하는 패배주의의 또 다른 형태일 뿐이다. 권력의 거짓말에는 속지 말아야 하지만, 그럼에도 다른 어딘가에, 도래할 다른 시간 속에 상실된 진리가 존재할 것이라는 신념이 필요하다. 우리의 상처가 결코 무의미하지만은 않았다는 신념, 세월호 참사가 단순한 '교통사고'[14]가 아니었다는 확신이 그것이다. 슬픔과 고통이 참사의 비극으로부터 시작되었지만 그것을 더욱 커다란 아픔으로 만드는 것은 우리 공동체에 정의가 부재했다는 사실이며, 상처는 거기에서 비롯되었다는 사실에 대한 신뢰가 필요하다.[15] 이것은 또한 미래에 실현될 정의에 대한 확신이기도 하다. 우리의 슬픔은 지금 여기에 없는 진리를 불러내기 위한 눈물이었다는 확신.

불순한 자들과 유순한 자들

슬픔에 겨워 방황하는 자들에게 지상의 양식은 공허하다. 광장에 고립된 그들이 단식투쟁을 시작했던 것도 그런 이유에서였다. 먹지 않는 투쟁이 아니라, 먹을 수 없음을 보여주려는 투쟁. 정의가 부재한 세상의 만찬을 거부하는 싸움. 그러나 이것은 단순한 거부의 몸짓만은 아니다. 그들이 단식투쟁의 형식 속에서 보여주었던 것이 단순한 섭식의 거부는 아니기 때문이다. 오히려 그들은 가장 중요한 것, 상실된 진리를 부재의 형태로 먹을 수 있음을 증명했다. 라깡이 거식증자에 대한 분석에서 언급하듯이, 섭식의 거부는 부재, 즉 공백의 섭식으로 해석된다.[16] 단식투쟁이란 그렇게 지금 여기에 없는 진리를, 공백의 형태로 실존하는 진리를 먹는 투쟁인 것이다.

유가족들은 정의가 부재한다는 사실을 호소하기 위해서 없음 그 자체를 먹는 투쟁을 시작했던 것이고, 이에 대립하는 어버이연합과 일베는 폭식투쟁으로 자신들의 이데올로기를 드러냈다. 단식투쟁하는 유가족들 앞에서 음식을 먹으며 그들은 말하고 있었다. 우리가 살고 있는 이 세계는, 현재의 대한민국은 그 자체로 완전하다고. 우리 세계에 부족한 것은 없다고. 당신들의 단식투쟁은 배부른 자의 반찬 투정에 불과하다고. 상처의 가치를 부정하는 그들은 폭식의 잔치를 보여주려고 했다. 고정관념들의 잔칫상. 그들에게 현재의 세계는 결여 없는, 상처 없는, 완전한 세상이다. 그들에게 유가족의 단식투쟁은 일종의 병적인 사태, 밥상 물림이며, 이 같은 거식증에 국가가 응답할 이유가 없다.

실제로 국가는 응답하지 않았다. 아니 응답할 수가 없었다. 유가족들의 단식투쟁은 지금 여기 없는 것을, 즉 부재하는 정의를 먹는 투쟁이며, 그런 의미에서 박근혜 정부에게 없는 어떤 것을 요구하는 투쟁이었기 때문이다. 자신들이 소유하지 않은 것을 달라고 요구하는 투쟁에 정부가 할 수 있는 일이란 억압하고 배제하는 일뿐이다. 그런 의미에서 박근혜 정부는 내심 당혹스러웠을 것이다. '유가족들은 무엇을 원하는 것일까?'라고 자문해보았을 수도 있다. 유가족들이 원하는 정의란 본 적도 들은 적도 없는 것이기에, 정부와 어버이연합이 추측해볼 수 있는 유일한 가정은 불순不純 세력에 이용당했다는 그토록 뻔한 담론뿐이다. 간첩담론. 한때 그들의 '아버지'가 만병통치약처럼 사용했던 이것에 의존하지 않는다면, 유가족들의 투쟁과 요구는 의미의 공백 또는 넌센스에 불과한 것처럼 보였을 것이다.

만일 공동체의 구성원들을 어떤 세력으로 나누어야 한다면 그중에 불순不純 세력이 존재한다는 사실만큼은 분명해 보인다. 이는 이명박 정부와 박근혜 정부의 지속적인 주장이었다. 불순 세력이 시위를 주도한다고 그들은 말해왔고, 세월호 투쟁에 관해서도 마찬가지 입장이었다. 그들의 주장대로 만일 여기 불순不純하여 불순不順하게 된 세력이 존재한다면, 그 반대편에는 유순柔順한 세력이 존재할 것이다. 현재를 지배하는 고정관념에 유순한 자들과 불순한 자들의 대립은 하나의 현실이다. 그리고 지배 권력의 반대편에 선 자들의 '불순함'에 대해서는 수천 년의 연대기를 만들어볼 수 있다.

소크라테스를 고발하여 사형시킨 자들은 그가 다른 신을 믿고 젊은이들을 타락시키는 불순한 자라고 비난했다. 예수를 고발한 유대인들은 그가 이간질과 선동을 일삼았다고 비난했다. 고려를 무너뜨리고 조선을 설계했던 신진사대부들은 임금에 대한 의리를 저버리는 진정 불순한 세력이었다. 3·1 운동의 주도 세력에 대해서 친일파

이완용은 "불순 세력에 의한 경거망동"이라는 표현을 쓰고 있지 않은가? 그리고 마지막으로 우리에게는 세월호의 불순 세력이 있다. 지난 3년간 불순함을 포기하려 하지 않았던 세력이 우리 사회의 유순함을 흔들고 있었다. 광화문 광장에서, 팽목항에서, 동거차도에서 편력하는 불순한 자들은 유순한 자들이 속한 세계의 환상을 고발한다. "가만히 있으라"고 말하는 권력에 굴복한다면 맞이하게 될 슬픔을, 길들여진 공동체가 겪게 될 재앙을 경고하고 있다. 오직 진실한 불순함만이 우리의 아이들에게 지금과는 다른 미래를 약속한다는 신념 속에서 그들은 유순한 삶을 거부하고 있었다.

슬픔에서 어떻게 혁명이 시작되는가

정리해보자. 이제까지의 논의로부터 우리는 슬픔의 정동이 정치적 기능을 수행한다는 사실을 알게 되었다. 깊고 강렬한 슬픔의 정동은 세상의 속견을 거부하도록 만들면서 주체를 방황하게 했다. 슬픔의 주체들이 공동체의 내부를 유령처럼 떠돌게 되었을 때 국가는 그들을 억압하려 했고, 길들이려 했다. 이러한 길들임의 시도가 바로 애도 작업이었음을 우리는 기억한다. 슬픔을 달래주려는 감언이설과 위협, 사탕발림의 말들. 물론 대부분의 슬픔은 위로의 말과 함께 소멸하기 마련이다. 그러지 않는다면 공동체는 상실의 파도에 휩쓸려버릴 것이기 때문이다.

그럼에도 슬픔이 멈추지 않는다면, 그것은 증상적이다. 진리의 상실을 표지하는 증상으로서의 슬픔이다. 어떻게 해도 소멸되려 하지 않는 슬픔은 공동체가 의지하는 언어 능력의 임계점을 지시하기 때문이다. 그토록 슬픈 이유는 그것을 위로할 언어가 우리에게 존재하지 않기 때문이다. 달리 말해서, 슬퍼하기를 멈추지 않는 주체들의 투쟁은 우리 공동체의 언어가 표현능력의 한계점에 도달했음을 드러낸다. 그러한 방식으로 깊은 슬픔은 공동체를 지배하는 권력의 언어가 우리의 현실을 아우를 수 없음을 폭로한다. 다시 말해 권력자의 고정관념이 공동체 시민들의 욕망을 담아내기에는 턱없이 협소하다는 사실을 드러낸다. 그런 의미에서 슬픔은 정의로운 세계에 대한 열망, 가장 근본적인 정치적 욕망인 그 열망이 권력의 언어에 의해 억압당하고 있음을 표지하는 정동이라고 할 수 있다.

　　바로 이것이 정치적 정동으로서의 슬픔이다. 이는 또한 우리 공동체가 세월호 참사 이후 경험했던 슬픔의 특수한 정치성이다. 304명의 죽음에 대한 개별적 슬픔은 유가족들의 투쟁 속에서 '정의의 상실'이라는 보다 근본적인 슬픔의 정동으로 변해가고 있었다. 그리하여 슬픔은 정치적인 것이 된다. 참사와 관련된 몇몇 주체들을 눈물 흘리게 만드는 것을 넘어서 공동체 구성원 모두의 마음을 흔들게 된다. 그들이 상실한 것을 우리 모두가 상실한 것으로 만드는 이 슬픔은 정치학의 범주에서 진리를 지칭하는 용어인 '혁명'을 가능하도록 만드는 토대의 정동이기도 하다. 분노는 그다음의 일이다. 폭력도 그다음의 일이다. 물론 분노와 폭력은 부조리한 권력의 거대한 폭력에 대항하는 필연적 사태이지만, 그전에 슬픔이 없다면 변화를 요구하는 시민들을 하나로 묶을 수 없다. 분노와 폭력은 권력의 폭정에 대항하는 시민들의 마지막 저항 수단일 수 있지만, 그럼에도 우리를 하나로 묶어주는 것은 오히려 아주 나약해 보이는 슬픔이라는 사실에 주목해야 한다.

　　우리 모두를 움직여 광화문 광장으로 나서도록 했던 것은 바로 한없이 나약해 보였던 그들, 유가족들의 슬픔이었다. 슬픔은 그렇게 아주 나약한 장소에서 들려오는 흐느낌으로 시작되지만, 그렇게 흐르던 눈물이 언젠가는 강이 되고 바다가 된다는 사실을 스스로 보여주고 있었다. 그런 의미에서 슬픔은 본질적으로 정치적인 것이며, 그것도 가장 근본적으로 정치적인, 혁명적 정동이다. 세월호 유가족들의 눈물만큼이나 슬픔의 혁명적 차원을 선명하게 증명해낸 사태는 없었다. 우리가 아는 한, 세월호의 슬픔은 어떻게 혁명이 시작되고, 지속되고, 그리하여 어떻게 모두의 공감을 얻어낼 수 있는지를 보여주는 가장 최근의 사례이다. 슬퍼하기를 멈추지 않는 투쟁은 2016년 11월의 혁명을 가능하게 만들어준 근원지, 눈물의 수원水源이었다.

2장 ——————— 해방된 관객

- 이 제목은 자끄 랑시에르의 『해방된 관객』에서
  빌려왔다. 랑시에르는 이 저서에서 연극에 관한 철학적
  담론을 전개하고 있다. 그러나 랑시에르가 연극 담화에
  숨겨놓은 함의들이 우리의 논의와 연결되고 있기에,
  이 제목을 차용했음을 밝힌다.

" 그런데 고발자들은 이야기한다. 관객이 되는 것은 두 가지 이유에서 좋지 않다고. 첫째, 보는 것은 인식하는 것의 반대이다. [⋯] 둘째, 보는 것은 행위하는 것의 반대이다. 관객은 자신의 자리에서 꼼짝 않고 수동적으로 머문다. "

— 자끄 랑시에르, 『해방된 관객』

스티그마의 기적

하나의 촛불이 백만의 촛불로 번져나가고, 소수의 슬픔
이 모두의 슬픔으로 확산되는 과정에는 일종의 기적과
같은 현상이 존재했다. '기적'이라는 표현을 쓰는 이유
는 이 과정에 상식과 논리의 절차를 단번에 뛰어넘는 현
상이 관찰되기 때문이다. 참사가 일어난 직후 그토록 많
은 사람들의 마음을 아프게 했던 세월호는 어느새 권력
의 여론 조작과 은폐 그리고 억압과 배제의 작업 속에서
부정적 이미지를 갖게 되었던 사실을 상기해보자. 그렇
게 세월호 참사는 공동체의 기억 속에서 거의 잊힐 뻔했
다. 공중파 방송에서는 더 이상 세월호 관련 기사를 찾아
볼 수 없었고, 피해자들의 분향소를 찾는 사람도 사라져
갔다. 심지어 진실을 밝혀야 한다고 주장했던 사람들이

고소 고발되는 사태가 이어졌다. 그러는 와중에 누군가
는 자살하고, 누군가는 투쟁을 포기한 채 일상으로 돌아
갔다. 자살하거나 포기하거나. 권력은 그렇게 죽음과 망
각 사이에서 선택을 강요하고 있었다.

그뿐만이 아니다. 미디어를 장악하여 규범언어를 통
제하고 블랙리스트를 만들어 표현의 자유를 원천 봉쇄하
면서 박근혜 정부는 대부분의 파시스트적 권력이 도달하
는 강박증의 단계에 이르게 된다. 공동체 내에서 그 어떤
난포착적難捕捉的 욕망도 존재할 수 없다고 선언하는 단계
에 도달한 권력. 다시 말해서, 국가권력은 자신들이 이해
할 수 없는 정동의 표현을 금지하게 된다. 기쁨도, 슬픔
도, 환희도, 절망도, 그들이 이해할 수 있는 수준을 초과
하는 순간 병적인 정동으로, '비정상'으로 간주된다.

라깡 정신분석이 강박증으로 묘사하는 이러한 권력
의 태도는 의처증의 남성 사례를 통해 가장 쉽게 설명될
수 있다. 아내의 일거수일투족을 감시하는 의처증자로서
의 남편은 아내의 행동의 모호함을 견딜 수 없다. 아내의
욕망이 자신이 알지 못하는 방식으로 표현되는 것에 알
러지 반응을 보이는 남성의 강박증은 많은 경우 오히려
아내의 욕망을 병적인 것으로, 타락한 것으로 비난하게

된다. 병리적 강박증이란 그렇게 자신의 사유 틀을 벗어나는 사태에 대해서 잔혹한 폭력을 행사하는 태도이다. 강박증자는 자신의 지식 너머를 상상할 수 없다. 자신이 알고 있는 세계가 우주의 끝이라고 생각하는 이러한 유형의 주체들은 초과하는 것, 알 수 없는 것, 이질적인 것에 대해서 낙인을 부여하는 방식으로 그것의 위험으로부터 자신을 지키려 한다. 낙인은 일종의 표지 역할을 하면서 강박증의 협소한 공간을 지키는 초소병 기능을 하게 된다. 그런 의미에서 강박증적 파시스트들이란 가장 나약한 자들이라는 역설적 규정이 가능해진다. 그들은 자신들이 믿는 세계의 형상이 무너질까 봐 불안에 떠는 자들이며, 이러한 불안에 떠밀려 더욱 잔혹한 억압으로 대응하는 자들이기 때문이다.

불행하게도 우리 공동체가 선출한 박근혜-김기춘 정부 역시 강박증의 집착 속에서 자신과 다른 생각을 표현하는 모든 사태에 낙인을 찍기 시작했다. 그렇게 만들어진 낙인으로서의 블랙리스트 한가운데에 세월호의 이름이 새겨진 것은 당연한 일이었다. 세월호를 다룬 영화와 문학작품, 미술작품 등에 표시된 낙인들, 위로의 대상이 되어야 했을 상처를 배제의 대상으로 만드는 낙인의 효과. 그런데 여기서 '낙인'으로 번역되는 '스티그마stigma' 는 라틴어에 기원을 갖는데 이 단어에 또한 종교적인 기적의 의미가 있다는 사실이 단지 우연일까?

스티그마는 기독교의 전통에서 '성흔聖痕'이라는 의미를 갖는데 주로 13세기 유럽에서 발생하기 시작했던 미신적 사태를 묘사했던 용어이다. 예수가 유대인들로부터 낙인찍힌 뒤 고문 끝에 죽임을 당하면서 신체에 남겨지게 된 상흔들, 예들 들어 가시관을 썼던 머리의 상처, 못 박혔던 손바닥과 창에 찔린 옆구리의 상처 등이 이후 인간의 신체에 다시 나타나는 현상을 말한다. 최초의 성흔을 지녔던 사람은 로마서의 사도 바울이다. 1224년 성흔을 받은 것으로 알려진 아시시의 프란체스코도 유명하다. 그 외 수없이 많은 기독교인들이 성흔의 기적을 주장해왔고, 로마 카톨릭 교회 역시 이 같은 기적을 공식적으로 인정해왔던 것이 사실이다. 그러나 필자의 관심을 끄는 것은 이 사건들이 보여주는 초현실적 샤머니즘의 면모가 아니다. 그보다는 성흔으로서 스티그마의 개념이 갖는 구조에 주목해볼 것을 제안하고 싶다.

스티그마란 진리 사건의 상처가 보존되는 동시에 그 것이 민중들의 마음속에서 다시 반복되는 것을 의미한다.

스티그마는 예수의 상처가 슬픔의 형식으로 사도들의 마음속에서 반복되고 있음을 의미하며, 이러한 상처의 보존이 전수되어 민중들에게로 퍼져나갔음을 묘사하는 우화적 표현에 불과하다. 그러니까 사도 바울이 "이후로는 누구든지 나를 괴롭게 말라. 나의 몸에 예수의 성흔을 가졌노라"(갈라디아서)라고 말했던 것의 의미는 아주 상식적이며 간단한 진리를 가리킬 뿐이다. 이는 실제로 예수의 상처가 자신의 신체에 다시 생겨났음을 의미한다는 해석을 뛰어넘는다. 사도 바울이 말하고자 했던 것은 오히려 신체에 새겨지는 상흔보다 더욱 고통스러운 동시에 영원히 지워지지 않는 영혼의 상처였기 때문이다. 그런 의미에서 바울의 로마서는 상처의 낙인 효과에 대한 철학적 해명의 글이다. 성흔의 기적을 주장하면서 그는 다음과 같이 말하고 있었기 때문이다. 세계의 불완전함을 증명했던 예수의 죽음과 그로 인해 남겨진 상처가 우리의 마음속에서 다시 반복될 수 있다면 새로운 세계의 창조는 이미 시작된 것이라고. 현세의 부조리 속에서 죽어간 자의 상흔이 사라지지 않고 우리의 마음속에서 반복되는 것은 도래할 진리의 절차가 시작되고 있음을 의미한다고 말이다. 이는 현실을 불완전한 것으로 사유하게 만드는 슬픔의 수용인 동시에 새로운 세계에 대한 강한 열망이 시작되었음을 표지한다.

따라서 스티그마란 권력에 의해 배제당한 자들의 상처와 슬픔이 우리를 찾아오는 뜻밖의 사건에 대한 종교적 명명에 다름 아니다. 누군가 부당한 권력에 의해 낙인 찍힌 채 배제당하고 있을 때, 그들의 슬픔은 억압된 채 은폐된다. 심지어 왜곡되어 비난당한다. 이를 억압하는 권력은 언제나 막강하므로, 그에 대항하는 약자들의 슬픔은 작은 촛불처럼 곧 꺼져버릴 듯 위태로워 보이기 마련이다. 그럼에도 기적과 같은 일이 벌어지곤 하는데, 세월호 유가족들의 슬픔이 확산되는 과정에서 우리가 목도했던 것이 바로 그 기적이다. 마치 사도 바울에게 반복된 성흔이 그를 메시아적 진리의 사도로, 진리 사건의 주체로 만들었던 것처럼.

유가족들의 슬픔을 보존하려는 투쟁은 이후 우리의 마음속을 찾아와 다시 반복되었다. 단지 반복될 뿐만 아니라 수동적인 관객에 불과했던 우리를 광장으로 나서게 하는 기적을 가능하게 만들었다. 신을 믿지 않는 필자가 기적이라는 단어를 사용한 이유는 이것이다. 정치는 의회에서나 벌어지는 소동에 불과하다고 냉소하던 우리 모두를 자리에서 일어나게 만들었던 일이 그곳에서 일어났기 때문이다. 세계라는 스펙타클의 관객석에 고정된 우리의 존재를 광장으로 나서게 만들고, 그곳에서 주인공이 되도록 만들었던 어떤 해방이 스티그마의 기적과 함께 실현되고 있었기 때문이다.

스펙타클의 구경꾼에서 주인공으로

세계를 하나의 스펙타클로, 그러니까 볼거리의 대상으로 가정하는 현대 철학의 담론들이 있다. 기 드보르의 『스펙타클의 사회』에서 자끄 랑시에르의 『해방된 관객』에 이르기까지, 이들이 한결같이 강조하는 것은 스펙타클을 관람하는 우리 모두의 소외이다. 극장에 가면 극이 공연되는 동안 움직일 수 없듯이, 세계라는 영화가 상영되는 장소에서 우리는 일종의 수인囚人이 되어버린다. 교양 없는 관객이 되지 않기 위해 우리는 움직이지도, 심지어 말을 하지도 말아야 한다. 극을 비난하거나 좌석을 박차고 나가려 한다면 당장 극장 관계자의 통제가 실행될 수밖에 없다. 그러한 방식으로 공동체의 주체는 사실상 객체가 된다. 권력과 결탁한 미디어가 생산해내는 선별된 이미지들을 감상하면서 우리가 할 수 있는 일이란 세상은 이러이러하구나, 라며 감탄하는 것뿐이다.

　세월호를 비롯한 사회적 현안에 대해 거대 미디어들이 어떻게 반응했는지를 살피는 것만으로도 이들 철학자들의 주장을 이해하는 데 부족함이 없을 것이다. 권력은 미디어를 장악하고 미디어는 권력과 결탁하여 세계의 그림을 그린다. 바로 이 그림 앞에 선 우리는 그것이 세계의 전부라고 상상하기를 강요받는다. 이것이 바로 스펙타클로서의 세계 이미지와 관객인 우리가 맺는 관계의 진실이다.

　물론 이러한 관계가 우리를 실재의 충격으로부터 보호해주는 것 역시 사실이다. 라깡이 『세미나 11』에서 주요하게 논증했던 내용 역시 이와 관련된다.[17] 이에 따르면, 우리는 세상의 실재 모습을 보지 않기 위해 그것을 아름답게 묘사하는 그림을 보면서 시간을 보내는 기만적 상태에 있다. 실재의 모습이란 우리가 상상하던 조화롭고 아름다운 이미지만은 아니기 때문이다. 사실을 말하자면, 세상은 보다 잔혹하고 우울하다. 예를 들어, 한국 사회의 빈부격차는 텔레비전을 비롯한 미디어에서 공개되는 것보다 훨씬 절망적이다. 경제체제는 철저히 재벌 중심으로 구조화되어 있으며, 이들과 결탁한 정치-경제-미디어 공동체는 우리 사회를 몰락으로 이끄는 0.001퍼센트의 '리더들'이라고밖에 말할 수 없다. 노동 문제도 마찬가지다. 우리 공동체의 산업 상당 부분이 외국인 노동자들에 의해 지탱되고 있는 사실을 심각하게 인식하는 관객은 몇이나 될까? 인권이라는 표현이 무색할 정도로 착취당하며 인간 이하의 대접을 받는 그들의 문제가 미디어를 통해 표현되는 경우는 거의 없다. 성평등은 또 어떠한가? 저소득층 아이들의 학업 포기와 학교의 직무유기는?

　물론 이 모든 사실들에 관하여 이미 잘 알고 있다고 말하는 대중들이 있다. 그럼에도 선택의 여지가 없지 않느냐고 말하는 '교양 있는' 우리 자신들이 있다. 사실 틀린 말도 아니다. 미디어를 통해 우리에게 제시되는 사지선다형 객관식 답안에는 뾰족한 해답이 적혀 있지 않기 때문이다. 우리는 그저 그런 것들 중에서 하나를 선택할 수밖에 없는 객관식 문항의 딜레마에 빠져 있는 것이 사실이다. 미디어가 그려주는 세계 스펙타클의 화려한 이미지에 넋을 빼앗기는 이유는 이처럼 어둡고 우울한 현실적 조건들 때문이다. 그리하여 아무 일도 일어나지 않을 것이며 어떤 기적도 기대할 수 없다는 암묵적 동의가, 냉소적 패배주의가 우리를 지배하기 시작한다. 어느새 우리는 스스로가 패배주의자였다는 사실조차 잊게 될 것이고, 마침내 세상은 미디어가 그려놓은 조화로운 가상 이미지와 더 이상 구분할 수 없게 될 것이다. 그러한 방식으로 우리가 그려놓은 세계 이미지는 우리 자신을 가두는 감옥이 된다.

스스로 그림을 그리고 있다고 믿고 있었지만 사실 우리 자신은 그려지고 있었던 것이다. 우리는 그림을 그리는 화가도, 그것을 감상하는 관객도 아니었다. 그보다 우리는 그림 속에 칠해진 작은 얼룩이었을 뿐이다. 우리는 자신이 세계를 보고 있다고 믿었던 그러한 방식으로, 냉소적 시선으로, 권력에 의해 응시되고 있을 뿐이었다. 기적이 일어나지 않는 한 스펙타클의 세계 속에 고정된 이러한 소외의 구도는 흔들리지 않을 것처럼 보였다. 흔들리지 않을 뿐만 아니라 우리를 가두는 관객석의 억압은 더욱 정교한 방식으로 우리의 존재를 옭아매고 있는 것처럼 보였다.

그러던 어느 날 아주 특수한 슬픔이 집요한 방식으로

우리에게 말을 걸어오기 시작했다. 이 슬픔은 미디어가
제공하는 감동 따위는 아니었다. 오래전에 아리스토텔
레스가 말했던 카타르시스의 슬픔이 아니었다. 세월호와
함께 사라져갔던 단원고의 어린 학생들이 우리에게 전한
이 슬픔은 우리를 스펙타클의 관객석에 "가만히 앉아" 있
을 수 없게 하는 특별한 슬픔의 형식이었다. 존재를 흔들
고, 자리에서 일어나게 만드는, 그리하여 광장으로 나서
게 만드는 슬픔이었다. 가만히 앉아서 흘리는 눈물이 아
니라, 나서고, 행동하고, 고함치면서 흘리는 눈물의 형식
이었다. 그것은 세계 스펙타클의 구경꾼에 불과했던 우
리를 잠시나마 주인공으로 만드는, 아주 특수한 눈물의
기적이었다.

가짜 상처와 살균된 슬픔

물론 스펙타클의 사회라고 해서 슬픔을 느끼지 않는 것
은 아니다. 오히려 그 반대다. 스펙타클의 사회는 슬픔을
비롯한 온갖 정동의 효과를 매개로 관객들을 동원하거나
통제하기 때문이다. 영화가 상영되는 동안 펼쳐지는 이

미지들의 연쇄가 관객의 감정을 사로잡고 자극하여 일종의 카타르시스 효과에 도달하는 것처럼, 스펙타클의 사회는 대중들의 마음을 다양한 정동의 조작을 통해 고양시키면서 일종의 해제반응에 도달한다. 여기서 말하는 '해제반응abréaction'이란 프로이트 정신분석이 감정의 배출 효과를 가리킬 때 사용했던 용어이다. 이것은 또한 아리스토텔레스가 고대 그리스 비극의 효과를 카타르시스 개념으로 설명했던 것과 같은 것을 지시한다. 극 속의 드라마를 통해 전달되는 슬픔이나 고통의 정서가 관객들의 마음을 감동시키면서 일종의 심리적 정화작용을 하게 된다는 카타르시스의 개념. 인간의 정동에 관한 가장 오래된 이론 중 하나가 이처럼 스펙타클에 관련하여 연구되었다는 사실에는 의미심장한 면이 없지 않다.

아리스토텔레스의 『시학』에 따르면 스펙타클, 그중에서도 특히 비극의 형식은 관객의 마음을 극단적 슬픔에 빠지도록 유도한다. 이때 관객은 일상의 삶으로부터 얻게 된 마음속의 다양한 병리적 감정들이 마치 쓰나미에 휩쓸리듯 한꺼번에 밀려가버리는 경험을 한다. 비극이 펼쳐지는 스펙타클 속의 정동이 관객에게 전달되면 일종의 감정적 폭발이 발생할 수 있기 때문이다. 격렬한

울음 발작 뒤에 찾아오는 기이한 안정감처럼 정념의 폭발은 마음의 평온을 찾을 수 있게 해준다. 이에 대해서 고대 그리스의 의학자 히포크라테스는 불량체액의 배출이라는 이론을 내세우기도 했다. 비극의 슬픔은 관객의 마음속에 잔존하는 불순한 체액의 배출을 야기한다는 것이다. 그리하여 비정상적 마음 상태에 빠져 있던 주체가 정상적인 심리 상태로 회귀한다는 이러한 생각은 프로이트에 의해서 정신분석 임상치료에 도입되었다. 환자의 응어리진 마음속 감정이 분석가의 적절한 단어와 문장에 포획되면서 해소되어 배출될 수 있다는 것이다.

흥미로운 것은, 이 같은 카타르시스 효과를 비판하는 라깡의 관점이다. 라깡은 말한다. 만일 환자의 감정이 분석가의 해석에 의해 설명되는 방식으로 해소될 수 있다 해도 환자가 얻게 되는 것은 단지 일시적 안정감에 불과할 것이라고. 심지어 환자는 자신의 응어리진 감정을 해소시켜주는 분석가의 해석에 점점 더 많이 의지하게 될 뿐이라고. 이 같은 비판의 배후에 깔려 있는 생각은 다음과 같다. 스펙타클의 감동을 통해 불량한 감정들이 배출되고 나서 예전의 정상적인 상태로 되돌아오게 된다는 카타르시스의 효과는 관객인 우리로서는 자신에게 부여된 고정된 자아에서 벗어나지 못하도록 만드는 일종의 소외 효과에 다름 아니라는 것이다. 쉽게 말해서, 비극을 통해 슬픔 속에서 불확실한 감정들을 모두 배출해버린다는 것은 감정들 자체가 가지고 있었던 메시지들을 일소하는 것에 불과하다. 그리하여 증상으로서의 슬픔에 숨겨진 메시지는 사라져버리게 된다. 아리스토텔레스가 말했던 비극의 카타르시스 기능이란 이렇게 슬픔을 잊기 위한 슬픔, 분노를 사라지게 만드는 분노라는 역설적 기능을 하고 있었다.

그뿐만이 아니다. 고대 비극은 감정의 '청소' 기능을 더욱 강화하기 위해 코러스의 역할을 도입했다. 극중에서 코러스의 역할을 맡은 배우들은 단지 노래를 부르거나 극을 논평하는 수준을 넘어선다. 이들은 관객의 감정적 반응을 유도하기 위해 먼저 슬퍼하고 먼저 분노한다. 그리하여 극의 진행에 몰입하지 못했던 관객들 역시 코러스의 가이드를 따라서 슬퍼하고 기뻐한다. 어떤 감정을 취해야 할지 망설이던 관객이 있다면 코러스의 반응을 따라서 각각의 장면에 적절한 감정 몰입을 할 수 있게 되는 것이다. 심지어 라깡은 이 같은 코러스의 역할이 스펙타클로서의 고대 비극이 성공할 수 있었던 비결이라고 논평한다. 만일 고대 비극의 성공 여부가 최종적인 카타르시스에 도달하는 데 있다면, 코러스는 감정의 최고 고양점을 향해 관객을 이끄는 안내자 역할을 하기 때문이다.[18] 그리하여 감정이 폭발하고, 슬픔이 분출하여 카타르시스의 최고점에 도달하게 되면 관객은 마음의 평온을 되찾은 채 각자의 일상으로 돌아갈 수 있게 된다. 어제의 일상이 오늘 그리고 내일도 다시 반복될 수 있는 안정적 항상성이 복구된다. 삶의 안정을 위협하던 불량체액으로서의 감정들은 이미 배출되었기 때문이다. 그런 의미에서 스펙타클의 카타르시스 기능은 어제의 내가 변함없이 오늘의 내가 될 수 있도록 해주는 안정화의 역할을 한다.

　라깡이 주저 없이 비난했던 것은 이러한 안정화였다. 왜냐하면 안정화의 기능이란 어제와는 다른 내가 될 수 있는 가능성을 차단하면서 우리의 마음을 고착시키는 부정적인 것으로 이해될 수도 있기 때문이다. 라깡에게 슬픔과 분노의 감정이란 우리 자신을 뒤흔들면서 원래 자리했던 위치로부터 뿌리 뽑힌 채 떨어져 나와 새로운 삶의 의미를 찾아나서는 방황의 여정을 시작할 수 있게 하는 역능을 소유한다. 라깡은 카타르시스를 이러한 역능을 조기에 차단하는 거세의 기능을 하는 것으로 간주했다.

슬픔을 망각하기 위해 슬퍼하는 것, 분노를 잊기 위해 분노하는 것은 감정이 가진 고유한 흔들림의 기능을 무화시키기 때문이다.

　　같은 논리가 보다 거시적인 영역에서도 작동하고 있다. 스펙타클의 사회가 미디어를 통해 우리에게 제공하는 거의 모든 감정의 고양은 망각을 위한 카타르시스 기능에 다름 아니다. 텔레비전의 다양한 프로그램들은 웃음과 슬픔, 분노와 노스탤지어의 감정을 자극하지만 정작 이것이 겨냥하는 것은 감정의 소진 상태이다. 예능과 토크쇼 또는 드라마와 영화를 통해 전달되는 이미지들이 우리를 슬프게 만들고, 눈물 흘리게 만드는 것이 사실이지만, 이러한 감정적 고양은 정작 우리 자신이 잃어버린 것이 무엇인지를 잊도록 만든다. 진정한 상처를 은폐하기 위해 제시되는 가짜 상처들. 치명적인 슬픔을 봉합하기 위해 제공되는 살균된 슬픔들. 스펙타클의 사회가 우리의 마음을 통제하고 정상성이라는 환상적 장소에 묶어두기 위해 사용하는 것은 이처럼 유사-정동의 카타르시스 기능이다.

　　바로 이것을 비난하기 위해 라깡은 스펙타클에서 관

객의 위치는 언제나 영원히 고정된 좌표를 갖는다는 점을 지적한다. 마치 극장에서 상영되는 영화를 관람하기 위해서 관객은 자신의 자리에 못 박힌 듯 앉아 있어야 하는 것처럼, 세계라는 스펙타클을 경험하기 위해서 우리는 세계가 강제하는 위치에 고정된 채 있어야만 한다. 같은 의미에서 라깡은 다음과 같이 말한다. 만일 슬픔이 우리의 '감정émotion'에 진실한 효과를 불러일으킬 수 있다면 그것은 '감동émouvoir'의 카타르시스가 아닌 '흔들림 émoyer'을 통해서일 뿐이라고.[19] 세계라는 스펙타클이 공연되는 장소에서 관객인 우리가 경험할 수 있는 가장 진실한 슬픔은 감동하는 것이 아니라 흔들리는 것이고, 흔들림 끝에 관객석의 고정된 자리에서 이탈하게 되는 것이라고. 그리하여 스펙타클의 이미지를 더 이상 예전과 같은 자리에서 관조할 수 없게 되는 사태만이 감정의 가장 진실한 효과라고 말이다. 존재를 흔들어 움직이게 만드는 이 같은 사태 속에서 우리는 비로소 스펙타클의 관객이 아닌 주인공이, 주체가 될 것이기 때문이다.

진리에 대한 감각

스티그마와 스펙타클 그리고 슬픔의 카타르시스에 대한
논의를 통해 이제 우리는 존재의 흔들림에 대한 이해에
도달한다. 진실한 슬픔은 존재를 흔든다. 세월호 유가족
들이 보존했던 상처와, 그로부터 흘러나오는 슬픔은 우
리의 존재를 흔들고 말았다. 그런데, 흔들리고 나면 어떤
일이 벌어지는가? 단지 구경꾼에 불과했던 우리를 찾아
온 그들의 슬픔에 관하여 우리는 무엇을 할 수 있는가?
그들만큼이나 소수이며, 그들만큼이나 나약한 우리 개인
들이 할 수 있는 일이란 무엇일까?

아마도 우리가 할 수 있는 일이란 먼저 우리 자신을
구원하는 일일 것이다. 기이하게도 상처받은 자들이 호
소하는 슬픔의 정동은 그것에 감염당한 주체들에게 먼저
스스로에 관하여 진실해질 것을 요청한다. 슬픔이 겨냥
하는 것은 그 누구도 아닌 바로 우리 자신이었으며, 그렇
게 흔들리는 존재는 자아에 관련된 거짓을 참을 수 없게
된다. 우리의 존재를 지탱하고 있던 자아는 사회적 고정
관념과 타협한 결과물이기 때문이다. 존재가 흔들린다는
것은 바로 이러한 존재-자아 관계가 흔들리기 시작했음

을 의미한다. 중학생이거나 고등학생이기에, 대학생, 취준생, 또는 직장인이거나 아이들의 엄마이기에 스스로의 직무에 충실할 것을 강요하는 것은 사회적 자아의 이미지에 충실할 것을 요구하는 것이다. 슬픔으로 흔들리는 존재는 바로 이러한 자아의 이미지가 얼마나 허망한 것이었는지를 알게 된 주체이다. 흔들림이라는 단어가 의미했던 것은 바로 이것이었다. 우리가 얼마나 각자의 존재에 덧씌워진 사회적 자아의 이미지에 사로잡혀 있었던 것인지를 자각하게 되는 것. 그런 의미에서 흔들림이란 사회적 좌표로부터의 일탈을 가리킬 수도 있다. 우리의 자아가 귀속된 공동체의 지형, 즉 '토포스*topos*'로부터 일탈하는 '아토포스*atopos*'의 과정이 곧 흔들림이다.[20]

　　정리해보자. 세월호 참사와 그에 대한 국가권력의 대응에서 야기된 깊은 슬픔과 절망 그리고 분노는 우리가 속했던 공동체의 허상을 폭로하는 방식으로 우리의 삶과 존재를 흔든다. 우리의 세계가 속한 토포스의 부조리함을 폭로하는 방식으로 우리의 존재를 방황하게 만든다. 방황이 시작되는 최초의 양상은 우리 자신의 자아에 대한 불신이다. 학교에서, 회사에서, 가정에서 '나는 지금 무엇을 하고 있는가'라는 질문이 각자에게 찾아온다. 우리의 자아를 지탱하는 사회적 토포스에 대한 불신의 시작, 삶의 실질적 이익을 위한 욕망을 넘어서는 모호한 욕망의 시작. 그리하여 우리는 각자의 토포스가 아닌 아토포스의 영역으로, 그 어떤 실질적 이익도 기대할 수 없는 장소로, 광장으로 나아간다. 그곳에서 우리는 손에 잡히지 않는 어떤 것을, 불투명한 것을, '정의'라는 이름으로 불리는 아주 추상적인 가치를 요구하기 시작했다.

　　물론 이것은 하나의 구체적인 사건과 일련의 범죄행위들에 대한 심판을 요구하는 것이었다. 시민들에게서 위탁받은 권력의 행사에 관하여 국가가 저지른 태만과 월권의 범죄에 대한 심판의 요구였다. 그러나 광장은 우리에게 다른 것을 함께 준다. 그것은 바로 '진리에 대한 감각'이다. 우리의 일상이 잊게 만들었던 것, 가장 추상적인 동시에 우리의 존재를 구성하는 중핵이기도 한 진리에 대한 감각. 세월호 유가족들을 슬픔 속에서 벗어날 수 없도록 만든 것 역시 진리에 대한 감각이었다. 304명의 생명을 앗아간 실질적 재난을 가치의 재난으로 만들었던 정의의 상실과 그것의 빈자리. 고정관념의 권력은 진리가 상실된 공백, 균열의 장소를 봉합하여 은폐하려고 했지만, 진리의 감각에 노출된 우리는 그 균열을 드러내어 보존하려 했다. 왜냐하면 바로 이곳, 상실의 장소야말로 현재의 모순된 세계를 몰락시키고 새로운 세계를 도래하게 만드는 진리의 장소이기 때문이다. 누군가에게 이곳은 세상이 종말을 고하는 비극의 장소이지만, 우리에게 이곳은 새로움이 시작되는 창조의 장소이다. 누군가에게 광장의 촛불은 밤이 되었음을 알리는 불안의 신호이지만, 우리에게는 내일의 새벽을 부르는 횃불이다. 누군가에게 광화문 광장으로 향하는 발걸음은 일탈이겠지만, 우리에게는 오늘의 세계가 줄 수 없는 것을 찾아나서는, 진리를 향한 탐사의 여정이다. 그러한 여정 속에서만 우리는 세계 스펙타클의 관객이 아닌 주체가 될 수 있을 것이다.

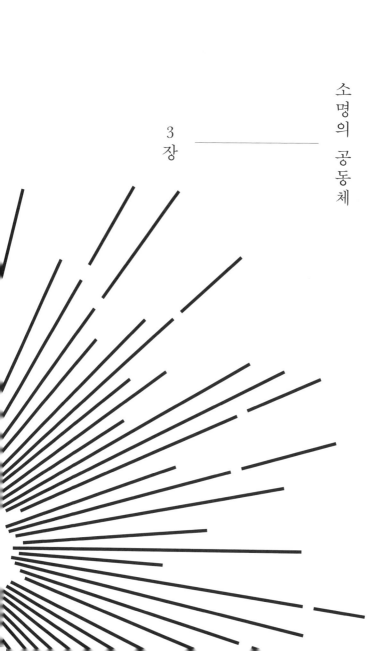

3
장

소명의 공동체

" […] 권력의 도덕, 그것은 다음과 같지요.
욕망에 관한 한, 다음번에 오시고,
기다리라는 것입니다. "

— 자끄 라깡, 『세미나 7』

보바리 증후군

인간의 욕망은 모순으로 가득 차 있다. 명백히 드러난 눈 앞의 공허를 잊기 위해 또 다른 환상을 불러오고, 그것이 환상인지도 모른 채 스스로 만들어낸 욕망의 시나리오에 몰입한다. 그런 의미에서 플로베르의 소설 『마담 보바리』 는 욕망에 관한 우리의 모순적 태도를 가장 사실적으로 드러낸 소설이다.

소설 속 주인공 엠마 보바리는 환멸로 가득한 현실 에서 도피하기 위해 또 다른 사랑의 환상을 쫓는 인물이 다. 그녀의 인생은 언제나 '마치 ~인 듯' 살아가려는 의지 로 가득하다. '마치 사랑이 존재하는 듯', '마치 행복이 존 재하는 듯'. 엠마 보바리는 인생의 환멸로부터 도피하려 는 인간의 욕망을 가장 전형적으로 보여주고 있다. 이것을 우리 책의 논점에서 해석하면, 엠마는, 그리고 우리는, 슬픔으로부터 도피하기 위해 환상을 쫓는다고 할 수 있다. 인생이 드러내는 환멸을 잊기 위해, 그로부터 밀려오는 감당할 수 없는 슬픔의 무게에서 달아나기 위해, 우리는 환상을 만들어내고 그 안에 머물기를 선택한다.

플로베르의 급진성은 이 같은 환상이 결코 우리를 구원할 수 없으리라는 사실을 그대로 드러낸 것에 있다. 환상이 지속될 수는 있어도, 그것이 현실이 되지는 않는다는 사실. 더불어, 영원히 지속되는 환상이란 존재하지 않는다는 사실. 그리하여 하나의 환상이 종말을 고하면, 다른 환상이 시작된다는 사실을 플로베르는 말하고자 했다.[21] 끝없이 재생산되는 환상의 시나리오들은 그렇게 우리를 파괴적인 슬픔으로부터 보호하기 위해 살균된 슬픔들을 가져온다. 엠마의 경우, 그녀는 사랑이 존재하지 않는 세계의 슬픔으로부터 도망치기 위해 연애의 달콤한 슬픔들에 몰입한다.

헛된 욕망을 지속시키기 위해 이처럼 환상에 의존하는 우리의 모습은 프로이트-라깡의 정신분석이 신경증이라는 증상의 구조로 설명하려 했던 것과 정확히 일치한다. 우리 모두는 자아의 보존을 위해 환상적 욕망의 대

상을 쫓으며 살아간다. 여기서 자아의 보존이 의미하는
것은 주어진 삶을 변화 없이 지속시키려는 보수적 욕망
에 다름 아니다. 따라서 우리의 욕망이 쫓으려는 환상들
이란 현재 상태를 지속시킬 뿐, 변화를 가져오지는 않는
다. 우리의 삶을 동일한 것에 대한 끝없는 반복 내지는 변
주로 이끌 뿐 새로운 삶 또는 세계의 창조로 이끌지 못한
다. 그리하여 우리는 공동체의 환상이 허용하는 한 줌의
욕망을 추구하면서 하루하루를 살아가게 된다.

공동체의 고정관념이기도 한 환상은 우리에게 이렇
게 말한다. "본분에 충실하라", "각자에게 허용된 욕망의
한계를 넘어서지 말라". 그러니까 "너무 많은 것을 욕망
하지 말라". 따라서, 삶과 세계의 변화를 겨냥하는 욕망
에 관한 한 언제나 "다음번에 오시고, 기다리라는 것"이
다.[22] 그렇게 하지 않는다면 우리의 삶과 공동체의 안녕은
위협받을 것이라고 경고한다. 이것은 20세기를 지배했던
한반도의 독재자들이 대중들을 세뇌하기 위해 사용했던
가장 흔한 레퍼토리였다.

21세기의 대한민국에서도 동일한 레퍼토리가 변주
되고 있다. 변화를 향한 정치적 열망에 관한 한 의회에
맡겨놓으시라는 대의민주주의에 대한 맹목에 가까운 환

상. 정치인이 아닌 개인의 정치적 의견 표명은 부적절한 것으로 간주되는 공동체. 그런 의미에서 대한민국은 가장 비정치적인 공동체이다. 그러나 이는 이율배반적인 표현이다. 왜냐하면 공동체란 근본적으로 정치적인 것이기 때문이다. 그런 의미에서 비정치적 공동체는 더 이상 공동체가 아니다. 그것은 죽은 공동체, 또는 식민지이다. 극소수의 은밀한 권력에 의해 지배되는 정치적 좀비들의 (비)공동체. 대통령 선거와 지역선거의 사지선다형 선택만이 주어지는 유한성의 공동체. 그러니까 새로움의 도래가 원천봉쇄된 기이한 민주주의의 공동체인 것이다. 바로 이곳에서 우리는 '마치 정치가 존재하는 듯', '마치 정의가 존재하는 듯', '마치 민주주의가 실현된 듯' 살아가는 마담 보바리가 된다. 마치 우리 자신이 민주공동체의 주인공인 듯, 주권자인 듯 믿고 살아간다. 오히려 노골적인 독재자들의 시대에는 이 같은 환상이 지속되는 것이 쉽지 않은 일이었다. 그러나 오늘날의 대한민국 공동체는 보다 정교한 환상으로 우리의 삶을 정치적으로 소외시키는 데 성공한 듯 보인다.

환상은 이렇게 말하고 있다. 선거는 끝났으니 이제 일상으로 돌아가 각자의 삶에 충실하라고. 고딩들은 수

능에 몰두하고, 교사와 공무원은 정치적 중립의 의무를
중하게 생각하라고. 연예인은 '공인'이니 자중하고, 회사
원들은 승진에 집중하라고. 부모들은 자녀의 안정된 미
래를 고려하여 경거망동 말고, 자녀들은 그러한 어른들
의 깊은 뜻에 토 달지 말라고. 그리하여 극단적으로 제한
된 유사-민주주의는 우리를 군사독재보다 더욱 가증스
런 환상에 매몰되게 만들었다. 마담 보바리가 매몰된 것
이 사랑이 아니었듯이, 우리가 매몰된 장소는 민주주의
가 아니었음을, 우리는 결코 알 수 없었다. 이따금 미디어
에 등장하는 광화문 광장의 시위대가 도로교통법에 의해
처벌의 대상이 되고, 집회를 주도했다는 이유만으로, 그
러니까 단지 민주주의의 근본 형식을 표현했다는 이유만
으로 노조위원장이 불법폭력집회의 주동자로 구속 수감
되어 5년 형을 선고받는 동안에도, 우리는 대한민국을 민
주국가로 생각하고 있었다. 차량의 원활한 소통을 위해
헌법적 가치의 소통이 제한되는 동안에도, 과거의 보존
을 위해 미래가 저당잡히는 동안에도, 우리는 대의민주
주의 제도의 실효성을 믿어 의심치 않았다. 물대포에 맞
아 누군가는 죽어가고 있었고, 그 죽음의 책임이 유가족
들에게 덮어씌워지고 있는 동안에도 환상은 지속되고 있

었다. 대의민주주의는 누군가가 '대신해주는 제도'라는 기이하게 왜곡된 믿음이 우리를 여전히 지배하고 있었다. 그러나 영원히 지속되는 환상은 없다. 환상의 몰락은 환상 자체의 근본적 속성이기 때문이다. 그리고 하나의 환상이 몰락하면, 다른 환상이 그 자리를 대체하러 올 것이다.

그러나 때로는 그러한 몰락과 대체의 간극이 벌어지고 균열의 상처가 좀처럼 아물지 않는 경우도 있다. 지난 2016년의 사태가 그러했다. 최순실의 국정농단이라는 초현실주의적 코미디가 JTBC의 기자들에 의해 입수된 태블릿 피시를 통해 폭로되는 일련의 사건을 통해 일종의 환상의 마비 상태가 초래되었다. 그리하여 하루가 멀다 하고 폭로되는 박근혜 정부의 '이상한 나라' 이야기들은 또 다른 환상으로 메꾸어지기에는 너무도 커다란 환멸의 구덩이를 드러내고야 말았다. 박근혜-최순실-김기춘의 국정농단이 불러온 환멸의 사태 앞에서 이제는 누구도 '마치 ~인 듯' 살아가는 것이 불가능해지고 말았다. 한 줌의 안락함을 보장해주던 환상은 더 이상 기능하지 않는다. 물론 여전히 환상에 매달리는 자들이 존재하는 것도 사실이다. 소위 '태극기 집회'를 위해 광장으로 나서는 사람들, 그리고 이에 동조하는 사람들이 있다. 이들의 무의식에 각인된 반공과 독재권력의 환상은 지워지지 않는 문신과 같은 것이다. 21세기에도 여전히 왕조시대를 살고 있는 이들은 '마치 민주공화국에 살고 있는 것처럼' 행동하기를 멈추지 않는다. 박정희의 딸이라는 왕조적 가치를 위해 '헌법'과 '자유민주주의'라는 단어를 끝없이 반복하여 외치는 일종의 정신분열이 그들을 지배한다. 과거의 권력에 의해 정지된 시간. 그들에게 시간은 흐르지 않는다. 도돌이표처럼 제자리에서 반복될 뿐이다. 그들에게 시간은 도래하는 것이 아니라 트라우마의 원점으로 회귀하는 것이다. 그럼에도 이들은 '마치 시간이 흐르는 듯' 살아간다. 그러나 우리는 더 이상 그럴 수가 없다. 우리의 상식이, 최소한의 비판적 사유가, 우리 앞에 입을 벌린 환멸의 구멍을, 세계의 균열이자 우울증의 장소인 그것을 외면할 수 없도록 만들기 때문이다.

'마치 ~아닌 듯'의 공동체

환멸의 공간은 또한 유령들이 회귀하는 장소이기도 하

다. 한번 벌어진 세계의 균열은 우리가 억압하여 잊으려 했던 진실들을 다시 불러내기 때문이다. 라깡의 표현을 빌리자면, "억압된 것은 반드시 회귀할 것"이며, 가장 심하게 억압되었던 것이 가장 먼저 돌아올 것이다. 세월호의 상처에서 비롯된 마음의 유령들이 가장 먼저 우리를 찾아왔던 것 역시 그 때문이다. 우리가 '마치 잊은 듯' 살아가려 했던 죽음의 의혹과 상처에 관하여 다시 시작되는 질문과 원망의 유령들 말이다.

우리가 한때 참사의 상처를 '마치 잊은 듯' 살아가려 했다는 사실을 부정할 수 없다. 망각은 모든 종류의 트라우마에 대하여 자아가 할 수 있는 마지막 방어의 수단이다. 끊임없이 되돌아오는 외상적 고통의 이미지는 우리의 삶을 견딜 수 없는 것으로 만든다. '마치 잊은 듯' 살아가려 했던 우리의 행동은 그런 의미에서 고통에 관하여 우리가 취할 수 있는 마지막 방어의 수단이었다. 예수의 죽음을 망각하고자 했던 사도들의 흔들림이 그러했던 것처럼 말이다. 마치 아무 일도 없었던 듯 일상으로 돌아가려 했던 그들의 흔들림. 그러나 진리의 유령은 우리를 가만두지 않는다. 슬픔 속에서 다시 회귀하는 진리는 '마치 ~인 듯'의 형식에 은폐되지 않을 것이다. 그리하여 진리는 우리에게 소명의 형식으로 그 앞에 설 것을, 다시 진리를 마주할 것을 요구한다.

이에 관하여 사도 바울은 다음과 같이 말하고 있다. 'hos me', 즉 '마치 ~아닌 듯' 살아야 한다고. 이것은 바울의 로마서에서 가장 핵심적인 명제이기도 하다. 바울의 편지들을 분석했던 조르조 아감벤의 강의록[23]에서도 이 구절은 가장 중요하게 다루어지고 있다. 왜냐하면 바울에게 메시아적 소명을 받은 자는 세상이 강제하는 모든 종류의 '마치 ~인 듯'의 허구성을 깨달은 자들이기 때문이다. 아감벤은 이 같은 논의 속에서 보바리 증후군의 정지점이, 환상이 중단된 환멸의 시간만이 진리의 장소임을 암시한다. 그것은 견딜 수 없이 공허한 우울증의 시간이지만, 그럼에도 새로운 진리를 담을 수 있게 될 '텅 빈 항아리'의 시간이다.

그런 의미에서 박근혜 정부의 국정농단은 역설적이게도 우리를 진리에 접근할 수 있도록 만들어준 사건이기도 했다. 오래된 상처를 곪아 터지게 만드는 사태였고, 우리 모두를 속이고 있던 환상의 실체를 드러내는 사건이기도 했다. 그 와중에 다시 우리를 찾아온 세월호의 유령, 스티그마의 기적은 바울이 말했던 메시아적 소명과 같은 기능을 한다. 왜냐하면 우리는 더 이상 예전처럼 살수 없게 되었기 때문이다. 우리 마음속에서 다시 반복되는 세월호의 슬픔은 이제 더 이상 아무일도 없었던 듯 살아가는 삶을 불가능하게 만든다. 메시아적 소명이 그러하듯이 우리를 일상적 권력의 유사-소명에 대하여 저항하도록 만든다. 아감벤이 '기각'이라는 표현으로 설명하고자 했던 것이 바로 이것이다.

세월호의 슬픔은 우리가 더 이상 고정관념의 소명에 응하지 못하도록, 그것을 기각하도록 만들었다. 진리는 그렇게 다른 모든 현실적 소명을 기각하고 오직 가장 진실한 것에만 소명받도록 강제한다. 세월호 참사의 슬픔 앞에서 이제 우리는 학생도, 직장인도, 남자도, 여자도 아니다. 세월호가 우리를 소명하는 방식은 그렇게 우리 자신이 속한 모든 조건을 기각하는 것이다. 그리하여 광장에 서게 된 우리는 누구인가? 아마도 우리는 그저 모두가 평등한 인간일 것이다. 그저 인간일 뿐인 평등한 존재. 진리의 소명 효과는 그렇게 우리를 단지 순수한 가능성인 존재로 만든다. 과거는 기각되고 미래가 개방된다. 모든 현실적 소명이 기각되는 소명의 광장에서 우리는 우리 자신이 누구인지를 스스로 발명해내야 하기 때문이다.

나아가서, 모든 현실적 계급과 신분이 기각되는 소명의 순간, 우리는 우리 공동체가 어떤 것이 되어야 할지를 우리 스스로가 발명해내야 하는 사명의 순간에 서게 된다. 박근혜 정부가 결정하고, 규정하고, 강제하려 했던 형상으로서의 공동체가 아니라, 우리 스스로가 결정하는 우리 자신의 공동체로서의 대한민국. 그런 의미에서 세월호의 유령이 우리를 찾아왔던 것은 단지 그들의 억울한 죽음을 해명해줄 것을 요청하기 위해서만은 아니었다. 그들의 고통을 누군가의 또 다른 고통으로 앙갚음해달라는 잔혹한 요청이 아니라는 말이다. 세월호의 유령은 자신들의 죽음이 만들어낸 텅 빈 허무의 공동을 새로운 삶의 가능성으로 채워달라고 요구하고 있다. 단원고 학생들의 죽음이 남긴 허무의 공간을 살아남은 아이들의 보다 충만한 삶으로 채워달라는 요구, 정의의 부재를 정의의 실현으로 대체해달라는 진리의 요구가 그곳에 있다.

  '마치 ~아닌 듯'의 공동체는 그렇게 현재의 조건을 거부하고 미래로 자신을 개방하는 주체들의 공동체이다. 우리 자신을 가두는 고정관념들의 환상이 기각당한 공동체. 이는 진리의 상실을 슬퍼하는 공동체이며, 슬픔 속에서 찾아온 소명의 사건에 공감하는 공동체이다. 소명은 그렇게 우리 자신을 과거의 반복일 뿐인 현재의 시간 으로부터 해방한다. 진리의 부름을 의미하는 소명이라는 거창해 보이는 개념은 그토록 단순한 사태를 가리키는 것이었다. 그것은 우리 공동체의 내일을 우리 자신에게 되돌려주려는 것이며, 내일의 시간을 우리 스스로 발명 해낼 수 있도록 현재를 기각하는 것에 다름 아니다. '마치 ~인 듯' 살아가던 우리의 기만적인 삶을 정지시키는 각 성의 순간, 소명은 그렇게 진리가 무엇인지를 깨닫는 순 간이다. 학교에서, 사무실에서, 공장에서, 때로는 거리에 서 문득 우리를 찾아오는 진리의 유령은 소명의 형식으 로 우리에게 다음과 같이 말을 걸어오는 것이다. "당신들 의 내일은 누구의 것입니까?"

진리는 동사이다

"끝날 때까지 끝난 것이 아니다"라는 세간의 표현은 사 건의 전개 과정 곳곳에 존재하는 잠재적 변수의 가능성 을 염두에 두는 말이다. 2017년 3월, 헌재의 탄핵 판결을 기다리던 사람들이 가슴 졸이며 되뇌던 이 문장은 다음과 같은 변주를 통해서 비로소 철학적인 것이 될 수 있다. "세상이 끝날 때까지 아무것도 끝나지 않고 반복될 것이다." 끝이란 세계의 종말을 의미한다. 그러나 우리는 종말론자들이 아니며, 그런 의미에서 무엇도 끝나지 않고 단지 반복될 것이라는 사실은 우리가 말할 수 있는 역사의 유일한 진실이다.

쉽게 말한다면, 우리의 미래는 우리에게 또 다른 세월호를, 또 다른 박근혜를 만나게 할지도 모른다. 또 다른 직무유기와 부정부패와 독선이, 직권남용과 권력의 사유화가 우리 공동체를 집어삼키게 될지도 모른다. 심지어 독재가 다시 시작될 수도 있으며, 민주주의 공동체의 가치를 훼손하는 세력에 의한 국민주권의 상실이 도래할 수도 있다. 박근혜는 사라질지라도, 여전히 그를 지지하는 15퍼센트의 한국인들은 정치세력으로 존속하게 될 것이고, 15는 30으로, 30은 60으로 세를 늘려나갈 충분한 가능성을 가진다. 한 명의 파시스트가 한 명의 지인을 설득하고, 그렇게 설득당한 지인의 지인이 다시 설득당하는 것으로 족하다. 파시즘은 떼어낼 수 없는 인간 본성의 한 부분이기 때문이다. 그렇게 해서 유토피아는 결코 온전히 실현되지 않을 것이며, 이 같은 잔혹한 현실을 받아들이지 않는 한 우리는 또 다른 환상에 빠져들고 만다. '마치 정의의 가치가 이미 실현된 듯' 살아가게 할 환상이 또다시 우리를 덫에 빠뜨리게 될 것이라는 말이다. 그래서 우리가 받아들여야 하는 진리와 그 실현에 관한 하나의 조건이 가정될 수 있다. 그것은 진리라는 개념의 속성 그 자체에 관련된 것이다.

세월호 유가족들이 드러내고자 했던 진리, 슬픔의 확산이 우리에게 소명의 형식으로 참여할 것을 독려했던 진리의 속성이란 명사가 아닌 동사적 형식을 갖는다는 사실이 그것이다. 진리는 절차이지 실체가 아니다. 진리는 추구되는 것이지 찾아지는 것이 아니다. 우리가 그것을 이미 찾아냈고 실현했다는 믿음 속에서 진리의 추구를 멈추거나 소홀히 하는 순간 진리는 소멸해버리고, 환상이 대체될 것이다. 정의와 같은 진리의 대상은 그것이 무엇인지를 진지하게 묻고 찾아나서는 투쟁의 동사적 절차 속에서만 유지되는 특수한 현상일 뿐이다. 우리가 그것을 이미 확보했다고 믿는 순간 진리는 즉각적으로 과거의 개념이 되어 권력화 되고 이데올로기화 된다.

바로 그런 의미에서 진리를 추구하는 소명의 공동체는 시지프스적 숙명의 공동체이다. 정상에 도달했다고 확신하는 순간 찾아오는 추락을 받아들여야 하는 공동체, 추락한 장소에서 다시 시작되는 절차의 무한한 반복을 숙명으로 받아들여야 하는 공동체, '마치 ~아닌 듯' 살아가는 소명의 민주 공동체는 그렇게 다시 시작하는 공동체이다. 소명받은 자는 매일의 삶 속에서 자기 자신을 다시 발명해내야 하듯이, 소명받은 자들의 공동체는 그들의 시대가 요구하는 정의를 다시 발명해내야 한다. 진리는 그와 같은 방식으로 우리에게 창조의 반복을 요청한다. 이것은 우리의 일상과 역사가 사로잡힌 고정관념의 무의미한 반복을 멈출 수 있는 유일한 절차이다.

우리의 일상은, 그로부터 형성되는 공동체의 현실은 라깡이 실재라고 부르는 변화무쌍한 난포착적 대상의 속성을 갖기 때문에, 이러한 현실 세계를 사로잡아 공동체의 장소로 변화시키기 위해서는 변화무쌍한 현실만큼이나 새롭고 유연한 언어의 지속적 발명이 요청된다. 정치의 공간에서 그것은 정치적 언어의 발명이며, 경제의 공간에서는 경제적 언어의 발명이다. 일상의 공간에서라면 철학적이거나 윤리적 언어의 재발명이 요청될 수 있으며, 교육의 현장에서는 교육학의 새로운 언어가 요청될 것이다.

　　새로운 언어의 발명은 우리를 둘러싼 모든 차원의 실재 공간에서 요청되는 항구적 조건이다. 그리고 이처럼 요청되는 언어의 발명에 대단한 지식과 경험이 필요치는 않을 것이다. 왜냐하면, 언어를 발명하기 위해서는 기존의 언어를 의심하는 것으로 족하기 때문이다. 새로운 언어를 탐사하는 자들은 기존 언어에 의해 억압당하고 슬퍼하는 이들에게 공감하는 사람들이면 된다. 우리가 현실을 새롭게 태어나도록 만드는 시지프스적 운명을 수행하는 데에는 이처럼 아주 간단하지만 그럼에도 쉽지만은 않은 실천이 요구된다. 그것은 소외된 자들의 슬픔에 공감하는 것이며, 공감 속에서 그들의 방황에 동참하는 것이다. 그리하여 우리 자신을 지배하던 고정관념의 죽은 시간으로부터 빠져나가는 진리의 여정을 함께 시작하는 것이다. 세월호의 슬픔에 동참했던 이름 없는 시민들이 그러했듯이. 백남기 열사의 죽음에 함께 눈물 흘렸던 우리들이 그러했듯이 말이다. 그러한 방식으로 슬퍼하기를 멈추지 않는다면, 우리는 어느새 진리를 향한 여정을 함께하고 있는 것이다.

에필로그

리히터의 촛불

한 점의 그림에 관한 이야기로 우리 여정의 마침표를 대신하려고 한다. 게르하르트 리히터라는 독일 화가가 1982년에 완성한 〈촛불〉이라는 작품이다. 그림은 바람에 흔들리는 촛불의 위태로움을 묘사하고 있다. 그림 속 이미지는 뭔지 모를 아득한 감정을 느끼게 하는데, 그러한 감정이 느껴지는 원인 중 하나는 화가의 묘사 기법 자체에 있다. 리히터가 초점을 흐리듯 불투명한 효과로 그림을 완성했기 때문이다. 촛불의 이미지가 아득하게 느껴지는 것은 그것이 멀리 있기 때문이 아니라 선명함을 잃어버렸기 때문이다. 마치 초점이 빗나간 잘못 촬영된 사진처럼, 화가는 그려지는 대상을 모호하게 만들려고 했다. 어째서일까? 화가의 임무는 대상의 아름다움을 선명하게 드러내는 데에 있지 않은가? 드러내는 대신 감추려 한다면, 묘사하는 대신 지우려 한다면, 세상을 재현하는 예술가로서 직무유기가 아닌가?

질문에 대한 가장 정확한 대답은 아마도 진리에 대한 다음과 같은 태도 속에서 찾을 수 있을지 모른다. 진리는 언제나 선명하지 않은 상태로 출현하며, 그로 인해 오인당하거나 외면당할 숙명이라는 생각. 선명한 것은 오히려 세상의 속견이고, 권력의 언어이며, 강자들의 세계관이라는 생각. 차가운 현실논리가 지배하는 세상 속에 출현하는 진리의 사건은 자신을 표현할 언어도, 표정도, 몸짓도 제대로 갖추지 못했기에, 진리는 얼룩처럼 우리 사회의 표면을 잠시 모호하게 흐리다가 사라져갈 것이라는 생각.

리히터가 주목하고자 했던 것은 진리의 이 같은 모호함이 아니었을까? 그래서 화가는 촛불이라는 의미심장한 이미지를 불투명한 모습으로 그려내려고 했던 것은 아닐까? 진리는 언제나 그처럼 위태롭게 흔들리는 모습으로 나타나며, 제대로 보이지 않는 불투명한 상태로만 자신을 드러낼 수 있을 뿐이기에. 우리의 책이 주장했던 논점에 기대어 말하자면, 진리를 밝히는 촛불의 속삭임은 세

상을 지배하는 언어로는 설명될 수 없는 이방의 언어로
만 말해지고 있기 때문에. 그래서 화가는 선명함 속에서
촛불을 드러내는 대신 불투명함 속에서 흔들리는 촛불의
위태로움을 드러내려고 했을 것이다.

　동독에서 태어난 뒤 공산주의와 자본주의 갈등의 한
가운데서 작업했던 화가로서 리히터는 권력의 언어가 억
압하고 소외시키는 인간 존재의 진리를 그려내기 위해
이미지를 드러내는 대신 지우고 감추는 길을 택했다. 세
계 이미지가 자신을 드러내는 방식이란 오직 현재의 고
정관념의 언어에 의존하는 것이기에, 그런 의미에서 이
미지의 선명함이란 권력의 선명함에 다름 아니기에. 진
리를 그리려 했던 화가는 그러한 선명함의 폭력에 저항
하는 길을 택했다. 그래서 리히터의 모든 작업은 흐리거
나 가리는 방식을 취한다. 그에게 진리의 촛불을 들고 있
는 자들의 모습은 권력의 언어로는 설명하기 어려운 모
호함의 측면을 가진다. 리히터의 이러한 관점은 이제껏
우리가 진리에 관하여 취했던 입장과 정확히 동일하다.
우리에게 그랬던 것처럼 리히터에게도 진리는 멀리 있지
않지만, 어쩌면 언제나 곁에 있었지만, 그럼에도 잘 보이
지 않고 잘 들리지 않는 불투명함 속에 갇혀 있었다.

　세상을 밝힌다고 스스로 주장하는 매스미디어의 불빛으로도 드러나지 않는 어둠이 있으며, 진리의 촛불은 언제나 그와 같은 어둠 속에서 타오르기 시작한다. 이제야 우리는 광장의 촛불이 횃불이 되어 타오르는 열기에 몸을 녹이며 안심하고 있지만, 그럼에도 이 모든 역사의 시작에서 세월호 유가족들이 손에 들었던 것은 작고 위태로웠던 촛불이지 않았는가? 모든 진리 여정의 시작에는 그처럼 미약한 촛불의 고독이 있다. 누구에게도 주목받지 못하는 어둠 속에서 흐느끼듯 흔들리는 촛불의 이미지는 진리가 시작되는 장소의 형상이다. 촛불이 꺼지지 않도록 두 손을 모아 저항하는 사람들의 형상들. 이것은 이제까지 우리가 세월호의 투쟁에 공감하면서 그 여정을 그려내려 했던 촛불의 역사이기도 했지만, 그러나 그것이 전부는 아니라는 사실에 주목할 것을 제안하며 글을 마치고 싶다.

　매년 자살을 선택하는 4백 명이 넘는 청소년들이 있다. 불법체류자라는 굴레의 어둠 속에서 불법인간 취급을 받으며 고통스럽게 노동하는 외국인 노동자들과 그들의 가족이 있다. 성적 취향의 소수성으로 인해 배제당하는 사람들이 있고, 이주 여성들의 소외된 삶이 있으며, 그들의 자녀가 겪어야 하는 차별과 배제의 현실이 있다. 인류의 절반을 구성함에도 불구하고 유사 이래 온갖 차별을 견뎌온 여성들이 있다. 기성세대에게 미래를 저당잡힌 청년 실직자들이 있고, 행복을 포기한 N포 세대가 있다. 도대체 얼마나 많은 세월호가 매일, 매시간 소리 없이 침몰해가고 있는가? 가만히 있으라고 말하는 권력의 위협에 저항하기 위해 또 얼마나 많은 작은 촛불들이 위태로운 불빛을 밝히고 있는가? 세월호의 투쟁이 우리에게 알려준 것은 바로 이 같은 촛불에 대한 존중이지 않았는가?

촛불은 흐린 듯 잘 보이지 않았을 뿐 우리 곁에서 조용히 그러나 결연하게 타오르고 있었다. 우리가 마음만 먹는다면 그들 곁으로 가서 함께 슬픔을 나눌 수 있을 것이다. 그리하여 함께하는 슬픔은 비록 작은 흐느낌에서 시작하겠지만 어느새 모두의 공감 속에서 세상을 바꾸는 진리의 기능을 수행할 수 있을 것이라는 사실을 세월호의 투쟁은 알려주었다. 책을 마치며 필자가 세월호 유가족들에게 감사의 인사를 건네며 말하고 싶은 것은 바로 이것이었다. 그들은 자신들이 한 일을 알고 있을까? 당신들이 진리의 장소에 도달하였으며, 그것을 슬픔의 형식으로 세상에 전파했던 일들을, 단지 304명의 생명에 관한 진실이 아니라 인간 일반에 관한 진실을 전하는 방식으로 진리의 촛불을 보존했던 일들을. 당신들의 촛불이 밝혔던 것은 침몰해가는 수많은 세월호들의 또 다른 생명들에 관한 존중이었다는 사실을.

　아마도 알고 있으리라. 그 누구보다 강렬하게. 당신들의 투쟁을 견디게 했던 것은 증오가 아닌 사랑이기 때문에. 사랑하는 사람의 상실을 인간 일반에 대한 사랑으로 변화시키는 것은 당신들이 보여준 슬픔의 위대한 힘이었기 때문에. 그래서일까, 필자는 리히터의 촛불이 흐린 이미지 속에서 드러나고 있었던 이유는 어쩌면 화가의 눈물 때문이었다는 생각을 하게 된다. 촛불을 바라보면서 세상을 그리는 화가는 가장 먼저 슬퍼하고 있었던 것은 아닌지, 그가 눈물을 흘리며 진리를 그리고 있었던 것은 아닌지. 다시 한 번 강조하건대, 진리는 언제나 슬퍼할 것을 요청하기 때문이다.

미주

1 라깡은 『세미나 21』의 첫 번째 강의에서 시간에 관한
일반적 관념을 비판한다. 우리는 시간이 흘러가는
것이라 생각한다. 그러나 라깡에 따르면 시간이란
흐르는 것이 아니라 제자리에서 반복되는 것이다. 이미
결정된 우리의 욕망 구조가 동일한 삶을 반복하도록
강제하기 때문이다. 예를 들어, 우리는 마음만 먹으면
전혀 다른 삶의 공간에서 이전과는 다른 형태의 삶을
살 수 있다고, 다른 사람을 만나 다른 사랑을 하는 등
새로운 관계를 맺으며 삶의 여정을 일종의 여행과 같이
전개해나갈 수 있다고 생각한다. 그러나 정신분석의
이론을 따르면, 사실 우리는 똑같은 욕망을 반복할
뿐이다. 어디에 있건, 누구를 만나건 삶을 결정하는
욕망의 패턴이 동일하게 작용하는 한 변화는 겉으로만
보이는 환상에 불과하다. 그런 의미에서 인생의 시간은
흐르는 것이 아니다. 어린 시절 결정된 욕망의 루틴을
끝임없이 반복하는 우리는 대양을 항해하고 있다고
상상하지만 사실은 아주 협소한 연못을 뱅그르르
맴돌고 있을 뿐이다. 시간이 흐르지 않는다는 라깡의

주장의 근거가 여기에 있다. 따라서 정신분석의 궁극적 목표 중 하나는 이와 같은 시간의 정지를 정지시키는 것이다. 똑같은 욕망의 패턴에 갇혀 있는 주체의 시간을 개방하여 새로운 패턴의 발명으로 나아가도록 돕는 것이 임상분석의 목표이다.

2   '소명klesis'은 진리 앞에 불려 나가며, 진리와 함께 살 것을 부름받는다는 의미의 기독교 용어이다. 『남겨진 시간』에서 아감벤은 바로 이 개념을 분석하면서 사도 바울의 텍스트를 강의하고 있다. 이 책에서 소명이라는 개념의 유물론적 의미는 아주 중요한 장치로 사용될 것이다. 특히 3장 '소명의 공동체'에서는 세월호 참사의 유가족들이 슬픔을 통해 어떻게 진리를 확산하는지, 그런 다음 어떻게 민중들의 마음에 소명의 형식으로 참여를 독려하게 되는지를 살펴보게 될 것이다.

3   '성흔'이라 번역되는 '스티그마stigma'는 기독교의 미신적 개념이다. 예수의 신체에 남겨진 십자가 고문의 흔적이 이후 민중들의 신체에서 다시 반복되어 나타나는 기적이 그것이다. 그러나 이 개념 역시 유물론적인 방식으로 사유된다면 진리가 출현하고 그것이 기적적으로 확산되는 현상을 설명하는 틀이 되어줄 수 있다는 것이 필자의 생각이다. 이에 대한 개념적 전개는 2장에서 자세히 다루어질 것이다.

4   이러한 언어를 라깡은 상징계라고 부른다. 이 언어는

'아버지의 이름'이라는 고정점을 중심으로 형성된
언어의 체계이기도 하다. 우리의 사유는 관념들의
카오스라고 할 수 있다. 고정관념은 이 같은 관념들을
모으고, 고정시키며, 그렇게 고정된 좌표를 중심으로
사유가 전개될 수 있도록 강제한다. '아버지의
이름'은 그와 같은 고정점들이 보편적 의미 방향성을
갖게 하는 틀이라고도 할 수 있다. 프로이트-라깡의
정신분석에서는 이러한 상징계의 틀이 신경증자의
구조에서만 관찰되는 것으로 가정한다. 정신병은
이러한 고정점의 좌표가 형성되지 못했기 때문에
사유의 방황이 멈추지 않는 것이다.

5 흔히 '레파토리'라는 표현으로 사용되는 'repertory'는
누군가의 표현이 의존하는 지식의 체계를 의미한다.
'목록', '일람표', '총람' 또는 '풍부한 지식'을 의미하는
이 단어는 공인된 고정관념이라는 의미로 사용될 수
있다. 특히 상실을 애도하기 위해 의존하는 공인된
지식을 의미할 수 있다. 보다 확장된 의미로는
미셸 푸코의 '인식장', 즉 '에피스테메épistémé'와
연결된다. 바디우의 '백과전서적 체계의 지식le système
encyclopédique du savoir' 역시 같은 개념이다.

6 김기춘, 박근혜에 의해 기획된 문화체육계의
블랙리스트는 우리에게 다음과 같은 해석을 가능하게
해준다. 그것은 세월호의 참사로부터 발생했던
현실의 균열에 대한 권력의 방어였다는 것을. 여기서

'세월호'라는 기표는 일종의 사건적 이름 또는 외상적 문자의 기능을 하는 것으로 간주될 수 있다. 마치 외상적 기표를 억압하는 방식으로만 자아를 보존할 수 있다고 믿는 주체의 무의식처럼, 박근혜 정부는 자신들의 권력을 보존하기 위해 특정 기표의 발화를 원천 차단하려고 시도했다. 블랙리스트는 바로 이와 같은 억압의 중핵을 구성하는 '세월호'라는 기표를 중심으로 구성된다.

7   김기춘이라는 인물은 한국 근대사에서 악의 연대기를 구성해내고 있다고 해도 과언이 아니다. 박정희 독재정부 시절 공안검사로 발탁된 김기춘은 신직수 검찰총장의 비호 아래 온갖 공안조작사건에 가담했다. 대표적인 것이 1975년 소위 '학원침투 북괴간첩단' 조작사건이다. 영화 <자백>의 소재가 되기도 했던 이 사건은 주한 재일교포 유학생들을 간첩으로 둔갑시켰던 대표적 간첩 조작공작이다. 전기고문, 물고문, 폭행고문 등으로 허위자백을 받아낸 김기춘에 의해 김승효 씨 등 학생들은 간첩으로 몰려 수감되었고, 이후 정신병 등 고문 후유증으로 고통받고 있다. 2013년 대법원은 이 사건의 무죄를 밝혀주었다. 1991년 노태우 정부 시절 법무부장관으로 발탁된 김기춘은 다시 '강기훈 유서대필 조작사건'을 지휘한다. 간첩 조작사건의 90년대 판본이라고 할 수 있는 이 사건은 강기훈을 살인 방조죄로 몰아 구속시켰고 대법원에서 3년 형을 선고받도록 했다. 이 역시 2015년 무죄 선고로 명예회복

되었다. 한편 김기춘은 박정희 독재정권의 영구 집권을
위해 만들어진 유신헌법의 초안을 작성한 인물로도 잘
알려져 있다. 이후 박근혜 정부에서 다시 비서실장으로
발탁된 김기춘은 블랙리스트를 만들어 진보 성향의
인사들에 대한 보다 은밀한 억압을 시도했다. 이
과정에서 김기춘이 세월호 참사의 부당함을 호소하며
단식투쟁하던 유민 아빠, 김영오 씨에 대해서 다음과
같이 언급한 내용이 김영한 전 수석의 비망록에 의해
공개됐다. "자살 방조죄, 단식, 생명 위해 행위, 국민적
비난이 가해지도록 언론을 지도하라." 김기춘에게
진실에 호소하는 단식투쟁은 생명을 위해하는 행위로
간주되었던 것이다.

8   진압경찰의 물대포를 맞고 수개월간 의식불명 상태에
     있던 백남기 열사의 사망 사건에 대해서 내인사
     진단을 내린 이는 백선하 당시 서울대학병원 신경외과
     과장이다. 권력에 항의하던 자의 죽음의 의미를 권력의
     관점에서 왜곡하려는 시도가 또 한 번 반복되었던
     것이다. 그런 의미에서 정의를 위해 목숨을 내던진 자의
     시신은 "나를 함부로 만지지 말라"고 명령하고 있다.

9   1987년 전두환 독재정권에 의해 고문받다가 사망한
     박종철 열사를 처음 검안한 사람이 오연상이다. 당시
     중앙대병원 내과의였던 오연상은 공안검찰, 경찰들의
     회유와 협박에도 불구하고 박종철의 고문 치사
     가능성을 언론에 알렸다.

10 위르겐 힌츠페터는 광주민주화항쟁을 현장에서
    취재하고 기록하여 세계에 알린 인물이다. 1980년
    당시 독일 제1공영방송 도쿄 특파원이던 힌츠페터는
    광주민주화항쟁이 발발하자 광주로 잠입해 사태의
    전개 과정을 모두 촬영했다. 같은 해 독재자 전두환이
    김대중에게 사형을 선고하자 항의의 표시로 〈기로에
    선 한국〉이라는 다큐멘터리를 제작 방영하기도 했다.
    광주민주화항쟁의 경험은 힌츠페터에게 강한 인상을
    남겼고, 이후로도 한국 민주화 운동을 취재하는
    데 평상을 바친다. 2016년 사망한 뒤 그의 유고를
    따라 광주광역시 북구 망월동 묘지에 안장되었다.
    힌츠페터의 삶을 통해서도 우리는 정의를 위해 목숨을
    바친 시신들의 요구에 접근하는 두 가지 방식을 만나게
    된다. "나를 만지지 말라"고 말하는 시신의 진리
    가능성을 보존하고 알리려는 자와, 그것을 억압하여
    은폐하려는 자들의 투쟁.

11 이 문장은 라깡이 1973~1974년에 진행한 세미나의
    제목이기도 하다. 라깡은 '아버지의 이름'의 불어인
    'Nom-du-Père'를 복수화하여 'les noms-du-père'로
    바꾼 뒤 이것을 동음이의어인 'les non-dupes errent'로
    다시 변화시킨다. '아버지의 이름들'이라는 단어가
    '속지 않는 자들이 방황한다'의 의미로 전환되는
    것이다. 이를 통해 라깡이 말하고자 하는 바는 이렇다.
    즉, 우리의 사유를 고정시키는 아버지의 이름은
    일자이다. 하나의 보편적 고정점으로 수렴하는

총체화의 화신이 곧 아버지의 이름인 것이다. 그런데, 만일 이러한 아버지의 이름이 복수화될 경우 사유는 방황을 시작할 수밖에 없다. 여럿의 고정점에 의해 흩어지는 사유는 규정된 여정으로부터 벗어나 방황을 시작하게 되는 것이다. 달리 말하면, '아버지의 이름nom-du-père'에 '속지 않는 자들non-dupes'은 '방황errent'할 수밖에 없다는 것이다. 이에 대한 다양한 해석이 가능하다. 라깡은 정신분석의 증상적 특수성을 확신하지 못했던 프로이트가 과학담화와 임상담화를 동일시하려는 의지 속에서 방황을 거듭했음을 언급하기 위해 이 명제를 활용하기도 했다. 그래서 라깡에게 정신분석 임상의 시작은 단지 '속지 않는 자들의 방황'으로 시작될 수 있는 것은 아니다. 방황하기에 임상분석실을 찾아왔겠지만, 그럼에도 분석주체는 무언가에 충분히 속아야 한다는 것, 이것이 바로 증상에 속는 것이다. 따라서 "속지 않는 자들이 방황한다"의 명제는 "증상에 속아야 한다"의 명제와 한 쌍을 이룰 때에만 유효한 것이 된다. 이 책에서는 '속지 않는 자들의 방황'과 '슬픔에 대한 신뢰'가 한 쌍을 이루며 의미를 생산하게 된다.

12 '어버이연합'이라는 단체가 박근혜 정부의 지원 속에서 관제데모를 주도했다는 사실은 특검을 통해 밝혀진 바 있다. '어버이연합' 또는 '어머니부대' 등의 표현으로 이들이 겨냥하는 것은 결국 대타자에 대한 맹신이다. 쉽게 말해서, 어린아이가 자신들의

세계를 안정시켜주는 부모의 권력에 의존하려고 하듯, 세계의 변화를 두려워하는 세력들은 끊임없이 상상의 부모를 불러내려 한다. 박정희 향수란 바로 이와 같은 무의식의 요청과 연결된 것이기도 하다. 변화하는 세상에 대한 두려움과 공포는 아버지에 대한 맹신으로 이어지기 때문이다. 그런 의미에서 어버이연합 등의 친박단체들이 보여주는 폭력성의 뒤에는 한없이 나약한 어린아이의 공포가 숨겨져 있다. 모든 종류의 파시즘은 아버지의 권력에 대한 무한 신뢰로부터 오는 것이라고 할 수 있다.

13 역사를 단 하나의 관점으로 묶어두려는 욕망은 강박증이라 부를 수 있다. 이들은 다른 해석의 가능성을 차단하려 하는데, 그 이유는 역사에 대한 새로운 해석이 새로운 미래를, 그들이 상상할 수 없었던 미래를 도래하게 만들 수도 있다는 사실에 대한 두려움 때문이다. 역사교과서 국정화를 지지하는 가장 강력한 세력이 '뉴라이트'라고 불리는 단체이며, 이들 중 상당수가 과거 주사파로부터 전향한 자들이라는 사실에 주목해보자. 김일성을 아버지로 섬기던 자들이 이제 박정희로 그 대상의 자리를 바꾸었을 뿐이다.

14 "세월호는 기본적으로 교통사고[…]"라고 발언한 이는 주호영 당시 새누리 정책위원회 의장이다. 이것은 세월호 참사가 사건적 속성을 갖는다는 사실에 대한 외면인 동시에 부정이다. 이에 대해 우리는 참사가

단순한 사건이 아니라 가치의 훼손과 정의의 상실을
초래한 윤리적 사건이라는 사실을 주장할 수 있다.

15 라깡은 이를 "속지 않음에 대한 거절le refus d'être
    non-dupe"이라는 명제로 표현한다. 물론 이것은
    고정관념에 대한 복종을 의미하지 않는다. 고정관념의
    한계 너머로부터 우리에게 다가온 증상으로서의 진리에
    대한 신뢰를 의미한다. 마치 자신의 증상 속에는 숨겨진
    무의식의 의미가 존재할 수 있다는 사실을 믿는 것에서
    정신분석 임상이 시작되듯, 속지 않는 자들의 방황은
    상처의 가치에 대한 믿음을 통해 시작된다.

16 거식증에 대한 정신분석적 해석을 따르면, 이 증상은
    섭식을 거부하는 생물학적 반응이 아니다. 거식증의
    주요한 원인은 유아기에 경험했던 구강충동에
    있다. 어린아이에게 어머니의 젖가슴은 영원히
    상실된 대상이며, 이에 대한 갈망은 아이의 구강에
    남아 있게 된다. 일반적으로 아이는 음식물과
    같은 사회적으로 용인된 대상을 통해 구강충동을
    우회적으로 만족시킨다. 그러나 때로는 손가락을
    빠는 등의 무의미한 방식으로 구강충동의 만족을
    추구하는데, 이와 같은 무의미한 행동 속에서 아이는
    보다 직접적으로 구강충동 자체에 집중할 수 있게
    된다. 왜냐하면, 손가락을 빠는 행위는 다른 어떤
    쾌락으로 우회되지 않으면서 구강충동 자체의 만족을
    실현해주기 때문이다. 보다 추상적으로 표현한다면,

손가락을 빠는 것은 어머니의 젖가슴이 상실된 공백에 가장 직접적으로 접근하는 행위가 될 수 있다. 이 같은 구강충동의 잔존은 성인이 된 후에도 남는다. 이러한 관점에서 거식증은 마치 아이가 손가락을 빨듯이 공백 자체를 섭식하는 특수한 행동으로 이해될 수 있다. 이를 철학적인 관점으로 재해석하면 이렇다. 거식증이란 우리에게 상실된 가장 중요한 대상을 상실의 형태로 섭식하는 행위이다.

17 라깡은 『세미나 11』에서 문명의 자아 방어적 측면을 그림의 우화를 통해 설명하고 있다. 라깡은 화가가 그림을 그리는 이유는 응시로부터의 방어를 위해서라고 주장한다. 구강충동과 함께 인간 심리의 주요한 동인인 시관충동은 응시의 차원에서 작용한다. 원래 아이를 바라보던 부모의 응시로부터 떨어져나온 이 충동은 독자적 충동으로 발전하여 주체의 심리를 불안에 빠뜨린다. 따라서 주체는 응시로부터 시선을 피하기 위한 다양한 문화적 전략들을 추구하게 된다. 라깡은 특히 회화 활동이 응시를 가리기 위한 기능을 한다고 강조한다. 이것은 라깡이 『세미나 7』에서 카린 미카일리스의 우울증 환자 사례를 다루면서 언급했던 내용과도 연결될 수 있다. 우울증 환자는 빈 벽의 공허를 견딜 수 없다는 논점이 그것이다. 이 둘을 함께 고려한다면 회화 활동은 공백을 가리기 위한 실천이라는 해석이 가능해진다. 텅 빈 공백에 이미지를 채워넣는 이유는 공백으로부터 응시가 출현하기

때문이다. 회화는 바로 이러한 시각장의 긴장을
해소하는 역할을 한다.

18 라깡을 따르자면, 고대 비극의 코러스는 무대 위에
    포함된 관객의 대리인이다. 라깡은 다음과 같이 말한다.
    "코러스는 당신을 대신하여 감동할 것이다." 그들은
    서사의 전개를 따라서 놀라거나 슬퍼하고, 연민하거나
    경악한다. 코러스가 보여주는 이 같은 감정의 표현들은
    모두 관객을 대신하여 일어나는 형식을 취한다. 관객이
    따라야 하는 정동의 방향을 코러스가 앞서 제시하는
    것이라고도 할 수 있다. 이를 이해하기 위해서라면
    오늘날 텔레비전 프로그램에서 패널들과 방청자들의
    반응을 프로그램 자체의 요소로 포함시키는 테크닉을
    떠올려보는 것으로 충분할 것이다. 화면 속에서
    클로즈업된 스펙타클 내부의 방청객 표정은 외부의
    시청자들의 감정이 모방해야 하는 일종의 카타르시스적
    모델로 제시된다. 이 모든 테크닉들을 통해서 관객은
    스펙타클에 완전히 사로잡힌다. 관객은 스펙타클의
    상징계가 부여하는 의미를 통해 규정된 카타르시스만을
    향유하는 철저히 종속된 존재로 규정된다.

19 '동요émoi'는 '감동l'émotion'이나
    '감동시키다émouvoir' 등의 용어와는 전혀 상관이 없다.
    프랑스어에서 'émoi'는 'émoyer' 또는 'esmayer'라는
    프랑스 고어에 기원하는데, 이들은 모두 '누군가를
    동요시켜 잃게 한다'는 의미를 갖는다.

20 '토포스'는 '지형' 또는 '장소'를 뜻하는 그리스어로부터
   기원한 용어이다. 반면 '아토포스'는 '비장소'
   또는 '탈장소'를 의미한다. 이 두 가지 용어로부터
   바르트는 탈장소의 윤리학을 암시하는 텍스트를
   남기고 있다(『사랑의 단상』). 우리 역시 동일한 관점을
   견지하려 한다. 토포스는 주어진 고정관념에 사로잡힌
   좌표화된 현재의 세계를 의미한다. 진리는 언제나
   이 같은 토포스의 권력으로부터 빠져나가는 순간
   발생하게 된다. 아토포스의 여정 또는 방황이 그것이다.
   우리의 존재를 규정하고 고착시키는 것을 현재의
   언어권력이라고 말할 수 있다면, 그와 같은 존재를
   흔드는 사건은 아토포스로 나아가는 개방적 사건의
   순간이라고 말할 수 있다. 그런 의미에서 '슬픔',
   '흔들림', '방황' 등의 용어는 진리와 관련하는 방식으로
   아토포스의 영역에 속하게 된다.

21 조르조 아감벤의 『남겨진 시간』에서 이 문제가
   집중적으로 다루어진다. 아감벤이 언급한 다음의
   내용을 참조해보라. "사실, '마치 ~처럼'의 문제는
   파이힝거가 상상할 수 있었던 것보다 훨씬 심각한
   것이다. 파이힝거의 저서가 출간되기 8년 전, 주드
   드 고티에―흥미로운 작가―는 그의 걸작 『보바리
   증후군Bovarysme』을 간행했다. 그 안에서 의제의
   문제는 존재론과 관계되는 수준, 그것에 적합한
   수준으로 복원되고 있다. 고티에에 의하면, 플로베르의
   등장인물들은 인간의 본질―즉, 본질을 갖지 않는

동물의 본질—을 이루는, '자신은 자신이 그러한 것과 다르다고 스스로 믿는 능력'이 병리학적 양상을 제시하면서 나타나고 있다고 한다. 자기 스스로는 무가 될 수 없기 때문에, 인간은 마치 그러한 것, 또는 그렇지 않은 것과는 다른 것처럼 행동함으로써만 존재할 수 있는 것이다. 고티에는 니체의 주의 깊은 독자이다. 그리고 모든 니힐리즘이 어떠한 형식에서 '마치 ~처럼'을 함유하고 있다는 것, 문제는 어떻게 '마치 ~처럼' 속에 있을 수 있는가라는 존재의 방식의 문제에 지나지 않는다는 것을 이해하고 있었다."(조르조 아감벤, 강승훈 옮김, 『남겨진 시간』, 코나투스, 68쪽)

22 이것은 라깡이 『세미나 7』에서 언급한 내용이다. 그는 다음과 같이 말하고 있다. "페르세폴리스에 입성하던 알렉산더 대왕과 파리에 입성하던 히틀러가 동일하게 포고한 것은 무엇이었나요? 나는 여러분을 이것으로부터 또는 다른 어떤 것으로부터 해방시키러 왔다, 는 서론은 별로 중요치 않습니다. 핵심적인 것은 계속 일을 하라, 일이 중단되어서는 안 된다[는 것이지요]. 이것이 의미하는 바는 어떤 경우에 있어서도 최소한의 욕망이라도 표현되어서는 안 된다는 것입니다. 재화의 서비스에 대한 권력의 도덕, 그것은 다음과 같지요. 욕망에 관한 한, 다음번에 오시고, 기다리라는 것입니다."(자끄 라깡, 『세미나 7』, 363쪽). 라깡이 이처럼 말하는 이유는 정신분석가를 찾아온 환자가 자신의 욕망의 구조를 변화시키는

가능성에 저항하는 측면을 강조하기 위해서였다.
우리의 무의식이 욕망하는 것은 결국 욕망하지 않는
것이기 때문이다. 현상 유지를 위한 자아의 보존은
그렇게 무의식이 사로잡힌 권력의 덫이다. 따라서
자아를 지탱하는 무의식의 권력이건, 거시적 공동체의
권력이건 변화는 언제나 억압의 대상일 뿐이다. 그것이
어떤 심급의 권력이 되었든, 권력은 변화에 대한 욕망을
차단하는 방식으로만 기능한다.

23 사도 바울은 고린도전서에서 다음과 같이 소명받은
삶의 양태를 묘사하고 있다. "형제 여러분, 내 말을
명심하여 들으십시오. 이제 때가 얼마 남지 않았으니
이제부터는 아내가 있는 사람은 아내가 없는 사람처럼
살고, 슬픔이 있는 사람은 슬픔이 없는 사람처럼 지내고,
기쁜 일이 있는 사람은 기쁜 일이 없는 사람처럼 살고,
물건을 산 사람은 그 물건이 자기 것이 아닌 것처럼
생각하고, 세상과 거래를 하는 사람은 세상과 거래를
하지 않는 것처럼 살아야 합니다. 왜냐하면 우리가 보는
이 세상은 사라져가고 있기 때문입니다. 나는 여러분이
근심 걱정을 모르고 살기를 바랍니다."(고린도전서,
7:29~32)

속지 않는 자들이 방황한다
— 세월호에 대한 철학의 헌정

초판 1쇄   2017년 4월 16일

지은이   백상현
펴낸이   이재현, 조소정
펴낸곳   위고
출판등록   2012년 10월 29일 제406-2012-000115호
주소   10882 경기도 파주시 산남로 157번길 203-36
전화   031-946-9276
팩스   031-946-9277

hugo@hugobooks.co.kr
hugobooks.co.kr

ISBN 979-11-86602-23-2 03100

이 도서의 국립중앙도서관 출판예정도서목록(CIP)은 서지정보유통지원시스템
홈페이지(http://seoji.nl.go.kr)와 국가자료공동목록시스템(http://www.nl.go.kr/kolisnet)에서
이용하실 수 있습니다.(CIP제어번호: CIP2017006781)